나를 나답게!
자기방어 수업

나를 나답게!
자기방어 수업

몸과 마음을 지키는 방법

박은지 지음

창비

온전한 자신으로 살아가는 방법
폭력에서 나를 지키기

여러분은 자기방어라고 하면 어떤 이미지가 떠오르나요? 손과 발을 이용해서 상대와 몸으로 겨루는 격투기를 떠올리는 분들도 많을 것 같아요. 하지만 자기방어의 궁극적 목표는 상대와 싸워 이기는 것이 아니라 안전한 상태로 돌아가는 것이에요. 안전한 상태로 돌아가는 것이 자기방어의 목적이라면 자기방어의 방법에는 여러 가지가 있습니다. 최대한 불쾌하고 위험한 상황을 피하는 것도 자기방어 방법이지요. 그런데 피하는 것만이 능사는 아닙니다. 만일 그런 상황에 부닥치게 된다면 침착하고 현명하게 대응해야 합니다.

이런 자기방어 방법을 이해하고 미리 연습해 보는 것이 자기방어 훈련입니다. 너무 어렵게 생각할 필요는 없어요. 막을 수 없는 화재나 수해가 닥쳤을 때 생명을 지킬 수 있도록 재난 대비 훈련을 하는 것처럼 사고를 당하거나 병에 걸리는 것을 완전히 막을 수 없더라도 사람들은 평소 운동을 하고, 올바른 식습관을 실천하며 몸을 돌봅니다. 이것 또한 자기방어예요.

때리는 것만 폭력은 아니야

그렇다면 우리가 일상에서 마주칠 수 있는 불쾌하고 위험한 상황에는 어떤 것들이 있을까요?

먼저 '말'이 문제가 되는 경우도 있어요. 외모나 신체적 특징, 취향을 놀리고 차별하는 경우죠. 또는 친구, 동료, 가족이 여러분의 말에 비아냥거리는 태도로 반응하거나 무시하는 경우, 약속을 변덕스럽게 자꾸 바꾸거나 거짓말을 하거나 무리한 요구를 하는 경우 등 여러 상황이 있을 것입니다.

그뿐만 아니라, 이러한 언어폭력은 온라인에서도 일어날 수 있어요. 연락하지 않았으면 좋겠다고 했음에도 계속 연락을 하거나 온라인으로 성적인 메시지를 보내는 경우, 동의 없이 그룹 채팅방이나 온라인 커뮤니티에 가입시키는 경우가 그렇죠.

아니면 '행동'이 문제가 되는 경우도 있습니다. 불쾌하게 바라보거나 뒤에서 따라오거나 몸을 함부로 만지거나 하는 경우 말이지요. 예상치 못하게 닥쳐오는 공격들은 그 모양새가 언어이든 행동이든지와 상관없이 몸과 마음에 상처를 입힙니다.

그럼 갑작스럽게 일어나는 이런 상황에 우리는 어떻게 대응해야 할까요? '어라? 지금 이게 무슨 상황이지?' 하고 상황을 인지하는 것이 첫 번째입니다. 그러고 난 다음에는 '이건 명백한 침해야.'라든지 '위험할 수도 있겠는데?' 혹은 '불쾌한 상황이야.'라는 판단을 해야 합니다. 이후 우리는 '이 자리에서 빨리 벗어나자.' '경찰에 신고해야겠어.' '단호하게 거절해야지.'와 같은 대응 방법을 선택하게 됩니다.

너무 당연한 이야기 아니냐고요? 그러나 대다수의 동물

은 목숨이 위태로울 정도의 위협을 느끼면 마치 얼어붙은 것처럼 아무런 반응을 할 수 없는 상태가 됩니다. 이런 반응을 긴장성 부동화라고 합니다. 이렇게 얼어붙는 상태가 되면 포식자에게 잡아먹힐 때 고통을 느끼지 않는다고 해요.

그렇다고 가만히 있으면서 잡아먹힐 수는 없겠지요. 자기방어에도 노하우는 있습니다. 배우고 익히면 위기 상황에서 어떻게든 행동할 수 있습니다. 예를 들어, 여러분이 수영을 할 수 있다면 누군가 여러분을 물에 빠뜨린다고 해서 가만히 가라앉고 있지만은 않을 것입니다. 마찬가지로 위협을 느꼈을 때 어떻게 행동해야 할지 연습해 본 경험이 있다면 움직이지도 못하고 얼어붙는 상황은 피할 수 있습니다.

자기방어 수업의 세 가지 열쇳말

이 책에서 여러분은 '자기' '방어' '훈련'이라는 세 가지 주제에 따라 자기방어를 배울 거예요. 첫 번째 주제 '자기'는 '자기 발견'을 뜻합니다. 편견과 고정 관념에서 벗어나 내가 어떤 사람인지 투명하게 몸과 마음을 바라보는 시간이지요.

두 번째 '방어' 시간에는 어떤 일을 마주했을 때 이것이 공격인지 아닌지 빠르게 판단하기 위해 상황 판단의 세 가지 요소를 알아보고, 폭력 상황으로 악화될 수 있다고 판단했을 때 말과 행동으로 다른 사람과 나 사이에 안전거리를 확보하는 연습을 합니다. 어떤 상황에 어떤 방어 자세를 취하면 좋을지도 다룰 겁니다.

세 번째 '훈련' 시간에는 지난 경험을 떠올려 보고 지금의 내가 그때로 다시 돌아간다면 어떻게 대응할지 상상해 볼 거예요. 더불어 신체적 위협 상황에 대응하는 호신술을 배웁니다.

수업의 목적은 상황 판단에서부터 대응까지 침착하고 전략적이고 신속하게 할 수 있도록 하는 것입니다. 먼저 침착하게 행동하기 위해서는 내가 어떤 사람인지 알고 있는 것이 도움이 돼요. 본인을 잘 이해하고 있다면 위험 상황에서도 재빨리 평소 상태로 돌아와 평정심을 되찾기 쉬울 겁니다. 그래서 처음에는 자신의 몸과 마음을 들여다보고 돌보는 방식을 다룰 예정입니다. 그렇지만 실질적으로 방어가 어떻게 이루어지는지도 알아야겠죠. 몇 가지 상황을 예시로 들어 상황에 맞는 행동법을 고민해 봅시다. 그리고 나를 넘어 일상에서 만나는 사람들과 건강한 관계를 맺는 방법을 익혀 봅시다. 이런 시간을 통해 여러분들은 온전한 자신으로 안전하고 건강하게 살아갈 힘을 얻을 수 있을 겁니다.

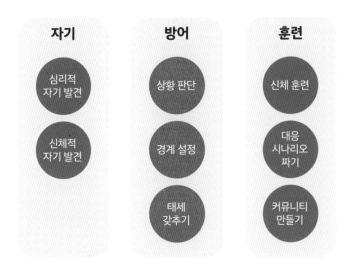

1부

자기: 발견하기

있는 그대로의 나
남과 비교하지 않기

　자신이 어떤 사람인지 안다는 건 무슨 뜻일까요? 다른 사람이 나를 어떻게 볼지 지나치게 의식하는 것, 연예인 같은 유명인과 나를 비교하며 열등감을 갖는 것, 개성을 가진 몸을 혐오하는 것, 성공과 행복은 외모로 결정된다고 여기는 것에서 벗어나 몸과 마음을 있는 그대로 바라보는 것이죠.

　나를 받아들이는 건 생각보다 쉽지 않아요. 주변의 많은 사람들이 잘못된 기준에 맞춰 나를 평가하기 때문입니다. 노란색 렌즈를 끼면 세상이 온통 노랗게 보이고 빨간색 렌즈를 끼면 빨갛게 보입니다. 내가 어떤 생각을 가지고 있는지에 따라 받아들이는 것이 달라져요. 삐뚤어진 거울을 보고 있으면 실제 모습과 다르게 삐뚤어진 모습만 보게 됩니다. 나를 평가하는 주변 사람들의 말은 색 렌즈와 비뚤어진 거울이 될 수도 있습니다. 그러니 내가 가지고 있는 생각이 잘못된 것은 아닌지 하나씩 살펴봅시다.

남들의 시선에
갇히다

어릴 때는 사람들이 '정상'이라고 생각하는 삶을 살아가야 한다고 생각했어요. 그 정상이란 태어나는 순간부터 주어진 역할을 훌륭하게 수행하고, 부모님의 기대를 저버리지 않는 착한 아이가 되는 것이었죠. 그것은 마치 부모님을 비롯해 저를 둘러싼 사람들의 기대와 열망으로 만들어진 옷을 입고 세상이 부여한 고정 관념과 편견에 따라 내가 아닌 다른 누군가를 연기하는 것과 같았어요. 그 과정은 몹시 거북하고 불편했습니다.

사실 저는 인형놀이보다는 레고 블록을 가지고 노는 것이

더 좋았고, 알록달록한 색깔보다 짙푸른 남색이 좋았어요. 몸에 붙는 옷이나 치마 대신 편하게 입을 수 있는 바지만 입고 다녔죠. 그런데 이런 제 모습이 누군가에겐 못마땅하게 느껴지기도 했었나 봐요. 주변 어른들은 "너 남자야? 여자야?"라며 핀잔을 주었고, 또래 친구들은 자기들과 다르다고 수군대며 저를 따돌리기도 했어요.

일부러 친구들보다 튀어 보이려고 하거나 반항을 할 생각이 있었던 건 아니에요. 저는 부모님과 선생님이 '이렇게 하는 것이 옳은 거야.' '저렇게 해야 좋은 거야.'라고 하는 것들을 열심히 따라 했고, 친구들과 잘 지내고 싶어서 선물을 준비하기도 했어요. 하지만 허무하게도 친구와 부모님을 비롯한 주변 사람들과의 관계는 좀처럼 나아지지 않았고, 내 몸과의 관계도 점점 일그러져 갔습니다.

'내가 못나서 사람들이 나를 이상하게 보는 걸까?'

남들에게 내 모습이 어떻게 보일까 신경을 쓰기 시작하니 주변 친구들이 하는 말은 물론이고 길을 가다 지나가던 사람이 툭 던지는 말에도 신경이 곤두섰죠. 하나부터 열까지 남에게 보이는 나의 외모와 목소리, 표정과 말투를 검열

하며 살아가려니 몸과 마음이 움츠러들었어요. 사람들 앞에 설 때마다 몸이 드러나는 것이 신경 쓰이기 시작하니까 밖에 나가기도 싫어졌죠. 그러면서 움직이는 시간도 점점 줄어들고 먹는 것으로 스트레스를 풀면서 살이 찌기 시작했습니다. 원래도 내 모습에 자신이 없었는데 살찐 내 모습은 더 밉고 부끄러웠어요. 살이 찐 이후에는 이전보다 사람들의 시선에 더 예민해졌습니다. 어떤 날에는 길을 걷다 눈치를 보는 내 모습이 서러워 건물 구석으로 들어가서 눈물을 훔치기도 했어요.

마음대로 몸을 바꿀 수 있을까?

몸의 형태는 한 가지 모양으로 쭉 유지되지 않고 태어나면서 죽을 때까지 끊임없이 바뀝니다. 예기치 않은 사고나 질병, 장애 때문에 변형되기도 하지만, 몸에는 자신의 의도나 의지에 따라 바꿀 수 있는 부분이 있습니다. 가령 다이어트를 해서 체중을 줄이거나 늘리는 것은 의도를 가지고 몸을 바꾸는 일입니다. 어떤 생활을 하고, 무엇을 먹고, 어떻게 움직이는지에 따라 몸의 형태가 달라지기 때문에 운동으로 특정한 근육을 키울 수도 있고, 힘은 물론 민첩성이나 유연성과 지구력을 기를 수도 있습니다. 성형 수술이나 다양한 시술을 통해 얼굴과 몸을 다르게 바꿀 수도 있고요.

적극적으로 단련된 선수들의 몸

몸을 적극적으로 단련시켜야 하는 직업도 많습니다. 무용수, 운동선수가 대표적이죠. 이들은 타고난 몸의 특징에 더해 그 특징을 장점으로 극대화하는 훈련을 합니다. 그래서 공연과 시합에서 평범한 사람들은 상상할 수도 없는 퍼포먼스를 보여 주지요.

스포츠 선수의 몸을 보면 움직이는 방식에 따라 발달된 근육이 다른 것을 알 수 있습니다. 10초 안팎의 시간에 폭발적인 속도를 내야 하는 단거리 달리기 선수는 온몸의 근육이 크게 발달해 있지요. 단거리 달리기 외에 짧은 시간에 큰 힘을 내는 종목에는 역도도 있어요. 무거운 무게를 머리 위로 들어 올려야 하는 역도 선수의 몸은 한 부위만이 아니라 상체와 하체의 근육이 고르게 발달해 있습니다. 반면 긴 시간 쉬지 않고 달려야 하는 마라톤 선수는 심장과 폐 기능이 아주 훌륭하고, 단거리 선수와 비교해 잔근육들이 크지 않게 발달해 있습니다.

또 같은 종목이라도 포지션에 따라 체격과 특징이 다르기도 합니다. 럭비 선수를 한번 떠올려 볼까요? 정해진 시간 안에 손과 발을 자유롭게 이용해서 타원형의 공을 상대 팀 진지에 가져가면 점수를 얻는 스포츠인 럭비는 한 팀이 15명으로 구성되는데, 팀에서 맡은 역할에 따라 선수들 간 체격과 특기의 차이가 눈에 띕니다. 가장 앞에서 상대편과 힘싸움을 하는 포워드 포지션 선수들은 대개 다른 선수들보다 체격이 크고 힘이 셉니다. 백스는 포워드 뒤에 위치하는 선수들인데 덩치가 비교적 작지만 민첩성과 스피드가 뛰어납니다.

그들의 몸은 결코 하루아침에 만들어진 것이 아닙니다. 오랜 시간 꾸준히 단련해 온 결과물이죠. 우리는 그들의 움직임을 보며 열광하고 훈련으로 단련된 몸을 보며 감탄합니다. 프로 무용수, 운동선수의 몸과 움직임은 그들이 만든 작품이자 상품입니다. 그리고 이들의 몸이 최상의 컨디션을 유지할 수 있도록 매니저를 비롯해 트레이너, 심리 상담사, 영양사, 팀 전담 의사와 치료사들이 항시 대기하고 있습니다. 프로 선수들은 하루 대부분의 시간을 훈련하는 데 보내고, 충분한 영양소를 섭취할 수 있도록 신선하고 좋은 음식을 정해진 시간에 먹습니다. 이런 생활을 유지하기 위해서는 많은 시간과 노력, 그리고 돈이 필요합니다. 그래서 선수가 아니고서야 학교와 직장을 다니는 사람이 프로 선수 같은 몸을 만들고 그들처럼 움직이기는 쉽지 않습니다.

뚱뚱하면
게으르다?

문제는 많은 사람들이 프로 선수나 연예인의 '만들어진' 몸을 보고 자신의 몸과 비교한다는 점이에요. 의도를 가지고 몸을 바꿀 수 있다는 믿음이 확고한 사회에서 몸을 바꾸지 않는 사람은 자기 관리를 하지 않는 사람으로 여겨집니다. 즉 다이어트, 성형, 화장으로 쉽게 외양을 바꿀 수 있는데도 바꾸지 않는다며 게으른 사람이라고 비난하는 겁니다. 이렇듯 사람들은 겉모습을 쉽게 평가하고 그것을 통해 내면을 넘겨다보려 합니다. 이런 사람들은 넌지시 "너는 왜 화장을 안 해?" "눈매만 살짝 바꾸면 더 예쁠 것 같은데."라고 말하고, 대놓고 "살 좀 빼!"라고 얘기하기도 하면서 외모에 대한 죄책감과 불안을 조성합니다. 이렇게 다른 사람의 몸을 평가하는 사람들이 생각하는 '괜찮은 몸'의 기준은 사회적으로 '정상'의 범주에 들어가는 몸, 인정받는 몸, 남들이 부러워할 만한 우월한 몸입니다. 건강한 상태를 유지하려 노력하는 건 바람직한 일입니다. 그러나 평가하는 기준이 자신에게 있지 않고 타인에게 있다는 것은 문제입니다. 게다가 '저 사람들은 내 외모를 보고 나를 이렇게 평가하지 않을까?' 걱정하지만 실제로 일상에서 마주치는 타인들이 내 몸을 부정적으로 평가할지 긍정적으로 평가할지는 대부분 짐작으로만 알 수 있을 뿐입니다. '멋진 몸' '아름다운 몸'의 기준이 타인의 시선과 평가에 달려 있다면 아무리 자신을 꾸민다고 한들 지나가는 사람의 깔보는 듯한 눈길 한번에 자신의 몸을 보잘 것 없는 것처럼 느낄 수도 있습니다. 그러니 가장 중요한 것은 남들의 시선에서 벗어나는 거예요. 그리고 남들의 외모를 지적하고 평가하는 사람이야말로 잘못되었다는 걸 잊지 마세요.

어떤 사람이 될지 결정하는 것은 바로 나 자신이야

전 남들 시선에 움츠러들었던 과거의 저를 생각하며 왜 그렇게 겉모습과 그에 대한 평가에 큰 의미를 두었을까 생각한답니다. 그리고 동시에 궁금해져요.

'남들에게 보이는 겉모습이 내 전부는 아닌데 왜 사람들은 그것만 보고 나를 판단했을까?'

사람들은 저에 대해 잘 알지도 못하면서 "내가 봤을 때 너는 이런 사람이야!"라고 쉽게 말했죠. 속으로 '응? 난 그런 사람은 아닌데.' 생각해도 그걸 입 밖에 꺼내어 이야기하지 못하고 마음에 쌓아 두기만 했어요. 그뿐 아니라 부러 나에게 내린 평가에 걸맞게 행동하기도 했죠. 친구가 내 외모를 놀리면서 "넌 원래 외모에 신경 안 쓰니까 이런 말로 상처받지 않잖아. 안 그래?"라고 하면 속으로는 기분이 상해도 "응, 난 신경 안 써."라고 대답했죠. 그럼 그 친구는 만족스러운 표정으로 "거봐, 내 말이 맞았지?" 하고 우쭐댔거든요. "네 말이 틀렸어!"라고 말하면서 친구를 화나게 하는 것보다 차라리 내가 나를 속이면서 친구를 만족시켜 주는 것이 관계를 유지하는 방법이라고 잘못 생각한 것이죠. 진짜 나는 상처받고 망가져 가고 있는데 말이에요.

자연스럽지 않은 내 모습이 나에게도 남에게도 불편하게 느껴지는 것은 당연했습니다. 결국 시간이 지나며 친밀한 관계를 맺을 수 있는 사람은 점점 줄어들었어요. 처음에 가깝게 지내던 친구들이 점점 멀어지는 것을 경험하면서 비로소 나에 대해 질문해 보았습니다.

'사람들이 생각하는 나는 진짜가 아니야. 그런데 진짜 나는 누구지?'

마음 깊은 곳에서는 친구의 생각에 동의하지 않으면서 갈등을 만들기는 싫어 겉으로는 "네 생각이 맞아."라고 이야기했죠. 친구들은 내가 속내를 솔직하게 드러내지 않는다며 서운해했어요. 내 의견을 말하기보다는 다른 사람의 생각에 맞춰 주는 것이 상대를 배려하는 것이라고 착각했던 것이죠. 친구가 무엇을 원하는지 잘 모르면서 충고와 조언을 늘어놓을 때도 많았어요. 나 역시 그들을 왜곡된 모습으로 비춰 주는 거울이었던 것이죠.

그 사실을 깨닫자 지금까지 '다른 사람이 보길 원하는 나'를 연기하며 살아왔다는 생각이 들었어요. 왜 애써 연기를 하면서 지냈을까 생각해 보니 사람들이 '정상'이라고 생각하는 삶을 따라가려 했기 때문이라는 판단이 섰죠. 동시에 '정상'과 '비정상'을 나누는 기준에 대한 의심이 생겼습니다. 의심을 품고 나니 정상과 보편을 나누는 기준이 사람마다 제각각인 것이 보이더라고요.

'정상'이 아니어도 돼

'정상'은 우리가 사는 사회에서 평범하다고 보는 것이라

할 수 있는데, 단순히 어떤 특성이 많은 수를 차지한다고 해서 정상이 되는 것은 아닙니다. 정상은 평범하면서도 좋다고 생각되는 것입니다. 예를 들어, 한국인 중 쌍꺼풀을 가지고 태어나는 경우는 절반이 좀 못 되지만 사회에서는 쌍꺼풀 있는 눈을 더 좋게 여기지요.

어떤 사회 어떤 시대에 살고 있는지에 따라 내가 가지고 있는 특성이 '비정상'이라는 낙인을 받을 수도 있습니다. 시대와 장소에 따라 달라지는 정상성의 기준에 나를 완벽하게 맞추는 건 불가능합니다. 그보다는 다양한 삶의 방식, 취향을 존중하고 인정하는 것이 중요합니다.

스스로가 정말 어떤 사람인지 알아가고 또 어떤 사람이 될지 선택하는 것은 오직 나의 결정에 달려 있습니다. 그러기 위해선 스스로를 의심하고 혐오하게 만들었던 주변의 시선과 왜곡된 거울에서 벗어나는 것이 중요합니다. 그리고 주변만을 탓할 것이 아니라 그동안 자신을 돌보지 않고 남들에게 맞추려고만 했던 내 모습을 반성하는 자세도 필요해요. "나는 너에게 이렇게 맞춰 줬는데 너는 왜 나에게 이렇게 대해?"라고 말하면서 나 역시 "내가 아니라 네가 잘못한 거야!"라고 상대방을 비난하지 않았는지 말이에요.

보다 보면 내 몸에 자꾸
불만이 생겨!

내가 누군지 생각할 때 가장 먼저 나의 몸이 떠오르기도 합니다. 몸은 가장 확실하게 드러나고, 움직임과 생김새를 나타냅니다. 게다가 몸은 생각과 성격까지 좌우할 수 있을 만큼 큰 영향력을 가지고 있지요. 몸은 정체성을 드러내는 공간입니다. 누구나 고유의 얼굴과 체격, 목소리를 가졌기에 사람들은 이를 통해 누가 누군지 구분하지요. 몸에 걸치는 옷은 취향과 개성을 표현하는 도구이고요. 이렇듯 우리는 몸을 통해 다른 사람들과 구별되는 나만의 개성을 보여 줄 수 있습니다. 그래서 나를 알기 위해 몸을 먼저 알아보는 것은 중요합니다.

그런데 육체적 개성을 지나치게 강조하게 되면 남에게 어떻게 보일지 신경 쓰며 외모에 집착하게 됩니다. 내가 남들에게 어떻게 보일지 지나치게 의식하다가는 끊임없이 내 몸을 다른 사람과 비교하게 되기 쉬워요. 자칫 뿌리가 뽑힌 식물처럼 주변 사람들의 말에 이리저리 휩쓸릴 수도 있고요. 남들의 외모가 볼품없다고, 나와 다르다고 해서 무례하게 행동하기도 쉽죠. 이런 비교는 '비'참해지거나 '교'만해지거나 둘 중 하나입니다. 몸과 마음을 병들게 하는 비교를 계속하도록 만드는 장치가 있습니다. TV와 같은 대중 매체 그리고 SNS예요.

대중 매체와 SNS는 화려한 외모와 옷차림으로 사람들의 부러움과 관심을 받는 인플루언서, 스타들의 외모를 '우월하고 세련된 것'으로 칭송하며 열등감을 부추깁니다. 실제로는 아무 문제가 없는 자신의 몸을 보며 '왜 나는 저렇게 안 생겼지?' 하고 불만을 갖게 되는 것이지요. 사람들이 자신의 외모에 불만족해 성형을 하고, 옷을 사고, 온갖 다이어트 약과 상품을 사도록 만드는 분위기는 자본이나 산업과 관련이 깊고, 우리에게 연예인이 선전하는 메이크업과 헤어 상품, 액세서리, 옷을 사야만 저런 외모를 가질 수 있다고 속삽니다.

아름다워지고 싶은 욕구는 자연스러운 것이지만 남들과

비교해서 더 우월하게 보이기 위해 몸을 바꾸는 것은 몸을 물건처럼 대하는 것이라 할 수 있습니다. 백화점 진열대에 놓인 더 비싸고 좋아 보이는 물건처럼 남보다 나은 외모로 자신이 더 가치 있고 좋은 사람처럼 보이려 하는 것이죠.

스타일, 다이어트, 성형, 뷰티 산업은 대중 매체와 SNS를 통해 '착한 몸매' 같은 단어를 만들어 아름다운 외모는 선(善)이고, 그렇지 않은 외모는 악(惡)이라는 잘못된 가치관을 퍼뜨립니다. 그래서 자신의 외모가 예쁘지 않다고 생각하는 사람들이 죄책감을 느끼게 만들죠.

남의 기준이 아니라
나의 기준으로

사람들이 자기 외모에 대해 불만과 죄책감을 가지면 가질수록 더 많은 돈을 버는 일부 산업은 어떻게든 사람들이 자기 몸에서 부족함을 찾아내고 돈과 시간, 노력을 동원해 그 '결함'을 고치기를 권합니다. 그들은 비대한 산업의 몸집을 유지하기 위해 유행을 계속 바꾸고, 아름다움의 기준을 빠르게 변화시킵니다. 그뿐만 아니라 필요하지 않은 물건들을 만들어 내며 지구를 병들게 하기도 합니다.

우리의 인격은 외양과 동일하지 않습니다. 사람들은 일상을 살기에 아무런 문제가 없음에도 자기 몸을 열등하다고 여기거나 불편하다고 생각하며 진정한 자기 자신과 멀어지게 됩니다. 게다가 유행 따라 시시때때로 신상 옷을 구매하고, 메이크업, 헤어까지 매일 완벽하게 해내려면 많은 돈과 시간을 써야 합니다. 오로지 외모를 가꾸는 데 자원을 쏟는다면 좋은 음식을 먹고, 잘 자고, 소중한 사람들과 대화하고, 공부를 할 수 있는 체력과 시간과 비용은 그만큼 줄어들 수밖에 없습니다.

물론 건강한 삶을 위해 운동과 식단 조절, 취미 활동을 하는 것은 응원할 일이고 바람직한 행동입니다. 자기를 소중하게 돌보는 태도에서 시작되는 행동이기 때문이죠.

그렇다 해도 겉으로 보이는 것만이 전부가 아닙니다. 외모만이 아니라 생각, 품성, 가치관, 경험, 관계 등 나의 다양한 면에 관해 생각해 보길 바라요. 사회적으로 인정받기 위해 노력하는 것은 좋지만 타인의 인정 없이도 스스로 만족

할 수 있는 자기만의 기준이 있어야 합니다. 그 기준을 세우기 위해서는 내가 잘하는 것과 못하는 것, 좋아하는 것과 좋아하지 않는 것, 편하게 느끼는 것과 불편해 하는 것 등 내가 가진 취향과 성격도 진지하게 탐구하는 것이 필요해요. 그러기 위해서는 나의 몸을 제대로 아는 것이 중요합니다. 그래서 이번에는 다음에 이어지는 '몸 지도 그리기' 워크숍을 통해 몸에 대한 생각을 분석하는 시간을 가지려고 합니다.

몸 지도 그리기

아무 것도 그려져 있지 않은 흰 종이를 한 장 준비합니다. 그리고 종이에 여러분의 몸을 그려 봅시다. 아주 자세하게 그리지 않아도 괜찮아요. 머리, 팔, 다리, 몸통의 윤곽만 그려 봅시다.

지시문에 해당되는 곳을 그림에 표시해 보세요. 자기 몸에 대해 어떻게 생각하고 있는지 들여다볼 수 있습니다.

- 내 몸에서 강하다고 생각하는 부분
- 강해지고 싶은 부분
- 좋아하는 부분
- 지금 가장 신경 쓰이는 부분
- 다른 사람과 구별되는 나만의 신체적 특징

몸, 외모를 생각하면 긍정적인 감정보다는 불만이나 우울 같은 부정적 감정을 먼저 느낄 때가 많지요. 왜일까요? 알게 모르게 주변으로부터 부정적인 피드백을 받아 자신을 바라보는 눈이 흐릿하고, 탁해져 있기 때문일 수 있어요.

지금부터는 잘못된 렌즈를 벗고, 맑은 눈으로 자신을 똑바로 바라볼 수 있는 힘을 키웁시다. 그 힘은 내 몸을 지금까지와 다르게 바라보는 데에서부터 자라납니다.

2 ≈≈≈≈≈≈≈≈≈≈≈≈≈≈≈≈≈≈≈≈≈≈≈≈≈≈≈≈≈≈≈≈≈≈

나에게 숨겨진 힘이 있다고?
몸과 소통하기

몸과 소통한다는 것이 어떤 뜻인지 아리송하지요? 표준
국어대사전에 따르면 소통의 뜻은 '막히지 아니하고 잘 통
함' '뜻이 서로 통하여 오해가 없음'이라고 해요. 각자의 상
황과 생각을 잘 주고받는 사람과는 소통이 잘 된다고 합니
다. 반면 소통 없이 서로 연락도 안 하고, 무관심하게 오래
도록 안부를 묻지 않는다면 그 사람과는 점점 멀어지겠죠.
좋은 관계를 맺기 위해서는 소통을 잘하는 것이 중요합니
다. 너무 오랜만에 만난 친구와는 할 얘기가 별로 없습니다.
평소에 어떻게 지냈는지, 최근 관심 있는 취미는 뭔지 전혀

모르고 있었기 때문이죠. 자주 만나고, 자주 이야기를 나누는 친구와 할 얘기가 훨씬 더 많아요. 이런 모습을 보고 어른들은 "너희는 매일 만나도 무슨 할 얘기가 그렇게 많니?"라고 말하기도 하지요. 이렇듯 다른 사람과 관계를 유지하기 위해서는 자주 소통하는 것이 중요한데 하물며 자기 자신과의 관계, 내 몸과의 관계에서 소통이 얼마나 중요하겠어요?

몸을 구체적으로
인식하기

몸은 말을 할 수 없는데 어떻게 소통해야 하는지 궁금한 사람도 있을 것 같아요. 몸과 소통한다는 말의 의미는 몸의 부분 또는 전체를 인식한다는 뜻입니다. 여러분이 최근 몸을 생생하게 인식했던 순간은 언제였나요? 저는 운동 센터 샤워실 문을 닫다가 오른쪽 가운뎃손가락 끝을 문틈에 찧었을 때예요. 어찌나 얼얼하고 아프던지! 그 잠깐의 시간 동안 저는 문틈에 낀 손가락 끝에서 느껴지는 강렬한 고통만 느낄 수 있었어요.

몸을 생생하게 인식하게 되는 순간 중 제가 가장 좋아하는 순간은 뭐니 뭐니 해도 운동을 할 때예요. 계단을 오르다 보면 허벅지 근육이 당기는 걸 느끼고, 추운 날 달리다 보면 폐가 팽창하는 감각과 함께 심장이 쿵쾅쿵쾅 뛰는 걸 생생히 느낄 수 있어요. 근육 운동을 하고 난 다음 날에는 전날 운동했던 부위에 근육통이 생겨 며칠씩 움직일 때마다 운동했던 부위를 느끼기도 합니다. 평상시 있는지 없는지도 모를 곳을 운동을 통해 느끼는 거죠.

저는 예전에 다리 찢기 동작을 무리하게 하다가 오른쪽 허벅지 뒤 근육이 파열됐던 적이 있어요. 1시간 이상 같은 자세로 앉아 있으면 다쳤던 부위가 쑤시고 아파서 영화관에 가기도 어려울 정도였죠. 이런 고통이 10년 이상 지속되었습니다. 그러다 폼롤러 마사지를 알게 되면서 지긋지긋한 통증에서 해방될 수 있었습니다. 이후로 저는 운동을 배우러 오는 분들에게 폼롤러 사용법을 꼼꼼하게 알려 드려요. 허벅지, 엉덩이, 등 근육처럼 큰 근육은 폼롤러로 문지르고, 목, 어깨, 팔 근육처럼 작은 근육은 마사지볼로 문지르는 것이 좋습니다. 그래서 폼롤러는 칫솔, 마사지볼은 치실에 비유하기도 해요.

폼롤러 마사지를 처음 하면 아플 수도 있어서 너무 딱딱한 재질의 폼롤러보다 약간 폭신한 재질의 폼롤러로 시작하는 것이 좋아요. 마사지할 때는 근육의 결을 따라 세로 방향으로 문지르고요.

폼롤러, 마사지볼 같은 마사지 도구를 사용해 종아리부터 목, 어깨까지 구석구석 문지르며 마사지할 때면 운동할 때보다 훨씬 섬세하게 몸을 느낄 수 있습니다. 몸의 곳곳을 구체적으로 인식해 보고 싶다면 이런 간단한 방법을 시도해 봐도 좋을 거예요. 내 몸 구석구석을 잘 파악하면 아프기 전에, 다치기 전에 미리 건강하게 근육과 관절을 관리할 수 있습니다.

마음의 근육을 기르자

몸을 잘 알고 있다면 관리하기도 쉬울 뿐 아니라 마음도 건강해집니다. 정성스럽게 머리 빗기, 따뜻한 물 마시기, 좋아하는 음악 듣기, 샤워하기, 기지개 켜기, 밖으로 나가 신선한 공기 마시기, 옷장 정리하기, 5분 동안 호흡에 집중하기, 미소 짓기, 아무도 보고 있지 않은 것처럼 춤추기 등등 지금 바로 내 몸을 느끼고 기분을 좋게 해 줄 아이디어는 많아요.

마찬가지로 여럿이서 하는 스포츠를 즐기다 보면 마음도 같이 자라나는 걸 알 수 있습니다. 축구, 농구, 야구, 배구 같은 스포츠는 승리를 위해 팀원 간에 긴밀한 소통이 필요합니다. 이게 바로 팀워크죠. 역할 분담, 협력, 조정 등 여러 차원으로 형성되는 팀워크는 팀 스포츠의 가장 중요한 요소이자 가장 큰 매력입니다. 동료와 함께 같은 목표를 향해 가다 보면 협동심, 리더십, 빠른 상황 판단 능력부터 한 번의 경기를 위해 최선을 다하고 결과를 받아들이는 호기로움은 물론 치열하게 겨룬 상대에 대한 존경심이 생기고, 크고 작은 성공과 실패를 통해 삶의 지혜를 배울 수 있습니다. 스포츠 경험은 몸과 마음의 근육을 강하게 만들어 경기장 밖의 현실을 살아갈 힘을 줄 것입니다.

빡빡하게 짜인 스케줄 속에서 따로 운동할 시간을 내기

쉽지 않다면 학교 체육 시간을 활용하는 것이 좋아요. 체육 시간은 여러 가지 스포츠를 접하며 앉아만 있던 몸의 숨통을 틔워 주는 역할을 합니다. 일주일에 최소 2시간씩만이라도 열심히 움직인다면 자신의 신체적 강점을 발견하고 더욱 강하게 기를 수 있습니다.

숨겨 왔던 나만의 힘을 발견하기

나의 힘을 발견하기 위해서는 스포츠도 좋지만 위험한 상황이 닥쳤을 때 유용하게 활용할 수 있도록 호신술, 격투기 종목을 배우는 것도 좋습니다. 저는 종종 자기방어 수업 참가자들에게 격투기를 배울 것을 추천하는데요. 격투기를 배우면 상대와 겨루며 내 힘이 어느 정도인지, 내가 잘하는 기술이 무엇인지, 여성과 남성의 힘이 어떻게 다른지 알 수 있습니다. 다양한 상대와 대련 경험을 해 나가는 것은 여러분이 자신의 힘을 발견하고 키우는 데 중요한 토대가 되고, 위험 상황에서 침착하게 내 몸과 움직임을 조절할 수 있게 해

줍니다.

격투기 중 태권도, 유도, 검도, 합기도, 복싱, 킥복싱, 주짓수, 레슬링 등은 비교적 가까운 곳에서 쉽게 접할 수 있다는 장점이 있습니다. 아니면 무에타이, 크라브마가, ASAP 호신술[1]처럼 조금 생소하지만 흥미롭고 유익한 종목도 있습니다. 종목별로 장점과 특징이 달라 어떤 종목이 자신에게 더 맞는지는 직접 배우며 알아보는 것이 좋아요. 샌드백과 미트를 팡팡 치며 강력한 킥과 펀치 능력을 키우고 스트레스도 풀고 싶다면 태권도, 킥복싱, 복싱, 무에타이와 같은 타격 종목을 해 보면 재밌을 거예요. 주짓수는 매번 다양한 상대와 겨룰 수 있다는 장점이 있죠. 이렇게 쌓은 몸 지식은 위급한 순간에 도움이 될 수 있습니다. 체구가 작은 사람도 기술을 잘 익히면 덩치 큰 상대를 제압할 수 있을 겁니다.

그런데 나보다 더 큰 상대를 어떻게 이길 수 있냐고요? 상대방의 힘을 역이용하는 것이 거의 모든 격투기나 호신술의

---

1 반(反)성폭력 프로그램(Anti Sexual Assault Program)의 앞글자를 따서 ASAP라고 하는 의미와 더불어 빠르게 배워서 바로 활용할 수 있는(As Soon As Possible) 호신술이라는 의미도 가지고 있습니다.

기본 원리이기 때문입니다. 이른바 상대방의 힘을 역이용하는 '밀당당밀'(상대가 밀면 나는 당기고, 상대가 당기면 나는 민다.)이라고도 하죠. ASAP 호신술에서는 이 원리를 '밀기, 당기기, 비켜 돌기, 주저앉기'라는 네 가지 동작으로 나누기도 합니다.

하지만 상대와 겨뤄서 승리하는 것을 목표로 하는 격투기는 안전으로 돌아가는 것을 목표로 하는 자기방어와 다르다는 점도 기억하세요. 체육관 링이 아닌 일상에서 여러분에게 아무 이유 없이 시비를 걸고 위협하는 자를 만났다면 그자와 맞서 싸우기보다는 빨리 그곳에서 벗어나는 것이 더 낫습니다.

누구에게 배우는지도 중요해

그리고 어떤 종목을 배우는지보다 어떤 지도자에게 배우는지가 더 중요할 수 있습니다. 등록하기 전에 그곳에 있는 강사가 수강생에게 관심이 있고 이야기를 경청하는지와 함께 스스로 성장을 위해 부단히 노력하는지 알아보세요. 체육관 지도자 성별을 알아 두는 것도 도움이 됩니다. 격투기라는 특성상 상대방과 신체적 접촉을 하는 경우가 잦기 때문에 이성과 접촉하는 것이 불편하다면 수강생의 성별 비율을 신경 써서 봐야 합니다. 특히 여성이라면, 여성 지도자가 있는 곳을 찾아 수련을 하는 것이 편할 수 있어요. 그 외에도 운동 센터를 찾을 때 참고할 수 있는 기준 몇 개를 알려드릴 테니 참고하세요.

운동 센터를 찾을 때 참고할 수 있는 기준들

- 내가 원하는 운동 프로그램이 있는지
- 나의 운동 목표를 달성하는 데
  도움을 줄 수 있는 지도자가 있는지
- 온라인 홈페이지에 지도자의 경력, 자격증,
  강의 내용이 잘 설명되어 있는지
- 지도자가 최근 2년 이내에 취득한 자격증이 있는지
- 집이나 학교에서 가까운지

- 시설이 청결하고 도구가 잘 정돈되어 있는지

- 긍정적인 리뷰가 많은지

- 수강료가 투명하게 공개되어 있는지

- 센터 공간과 구성원들에게서
  긍정적이고 활기찬 에너지가 느껴지는지

3

마음을 알고 감정을 알면 백전백승!
침착하게 대응하기

영국의 사업가 롭 무어(Rob Moore)는 삶을 살아가는 데
있어서 감정을 관리하는 것이 중요하다고 말합니다. 무어는
사람이 감정을 대하는 데 세 가지 단계가 있다고 생각했어
요. 1단계는 '오용'(misuse) 2단계는 '관리'(manage) 3단계는
'정복'(master)입니다. 1단계 '오용'은 감정을 통제하는 것
이 아니라 감정에 좌지우지되는 것을 의미해요. 강렬한 감
정을 주체하지 못하고 누군가에게 부정적으로 반응한 후 나
중에 후회하는 걸 반복하는 것이죠. 이런 경우에 자존감이
낮고 사람들과 좋은 관계를 유지하기 어렵겠죠. 2단계 '관

리'는 감정을 명확히 알아채고 자신과 대화를 나눌 수 있는 단계입니다. 평소 감정을 잘 알아차리는 연습을 한다면 오용을 넘어 관리의 단계로 갈 수 있어요. 그리고 3단계 '정복'은 어떤 감정을 느낄지 미리 알고 상황을 적극적으로 조직하고 조절하는 것을 의미합니다. 자신을 자극할 수 있는 상황이 무엇인지 알고 있으면 이성을 잃을 정도로 감정이 날뛰는 최악의 상황은 피해 갈 수 있으니까요.

위급할수록
침착하게

나의 감정을 잘 알고 슬기롭게 다스린다면 위험을 피하는 데에도 도움이 됩니다. '호랑이 굴에 들어가도 정신만 차리면 산다.'라는 속담 들어 보셨나요? 갑작스러운 상황일수록 당황하지 말고 침착해야 위기를 벗어날 수 있다는 뜻을 담고 있는 속담이지요. 평상시 자신의 감정을 잘 알아채는 연습을 한다면 급박한 상황에서도 평소 그렇지 않았던 사람들보다 침착하게 대응할 수 있을 것입니다. 마음속에 떠오르는 감정과 친해져 보세요. 무엇을 좋아하고, 무엇을 싫어하는지 잘 고민해 보세요. 감정은 나의 욕구를 알아차릴 수 있게 도와주는 중요한 신호입니다.

부정적이라고 느껴지는 감정을 회피하기보다는 이해하는 것이 나를 지키는 데 도움이 됩니다. 예를 들어, 여러분에게 수치심이나 모욕감을 주는 사람이 있다면 분노해야 합니다. 분노는 경계를 지키게 해 주고, 상처를 주는 사람들로부터 나를 보호할 수 있게 해 줍니다. 그리고 슬픔은 내가 무엇을 소중하게 여겼는지 떠올릴 수 있게 해 주며, 두려움과 불안은 닥칠 수 있는 위험에서 나를 지켜 주는 감정이기도 합니다.

감정은 지금 이 순간 내가 어떤지를 보여 주는 지표일 뿐 좋고 나쁨, 옳고 그름으로 나눌 수 없어요. 느끼지 말아야 할 감정이라는 것도 없고요. 분노, 두려움, 슬픔 등 부정적이라고 느껴지는 감정도 모두 내가 나를 지키려는 반응입니다. 감정과 잘 연결될 때 우리 안에 자신감과 평온함이 생기고 스스로에게 친절해질 수 있습니다. 자신에게 친절해야 다른 사람에게도 친절할 수 있고, 여러 사람과 건강한 관계

를 맺을 수 있습니다. 감정을 나타내는 어휘를 많이 아는 것
도 감정을 알아차리는 데 도움이 됩니다. 아래의 단어들을
천천히 읽으며 어떨 때 이런 감정을 느꼈는지 생각해 보길
바랍니다.

감정을 나타내는 어휘들

긍정적인 감정	부정적인 감정
여유로운 기대되는 신나는 평화로운 든든한 통쾌한 두근거리는 희망찬 궁금한 재미있는 고마운 감동적인 반가운 만족스러운 힘 나는 들뜬 후련한 즐거운 설레는 편안한 기쁜 행복한 자신 있는 애정이 샘솟는 홀가분한 시원한 뿌듯한	긴장되는 갑갑한 풀이 죽은 무서운 짜증스러운 난처한 실망한 귀찮은 슬픈 염려하는 쓸쓸한 우울한 미운 침울한 절망적인 답답한 주저하는 외로운 찜찜한 서글픈 두려운 낙심한 무안한 얼떨떨한 조바심 나는 겁나는 불편한 화난 괴로운

감정 뒤에
숨겨져 있는 것 찾기

감정을 알아챈 뒤 다음 단계는 그 감정을 잘 다루는 것입니다. 저는 종종 분노와 같은 감정에 휩싸여 누군가에게 화를 낸 뒤에 후회할 때가 있어요. 왜 이런 강렬한 감정이 들었는지 시간이 지나 다시 생각해 보면 '분노'라는 감정 안에 다른 속마음이 또 숨겨져 있더라고요. 예를 들면, 분노 뒤에는 미래를 걱정하는 불안함과 두려움이, 사랑받고 인정받고 싶다는 욕구가, 타인에 대한 기대가 충족되지 않아서 생긴 좌절 등이 있을 수 있습니다. 사람마다 분노 뒤에 숨겨진 속마음은 다 다르겠지만 한 가지 분명한 것은 분노 속에 숨겨진 욕구와 감정을 이해하면 분노가 끓어오르기 전에 마음을 가다듬을 수 있다는 것이에요. 그렇게 감정에 끌려다니지 않게 되면 부정적인 감정도 삶의 에너지로 활용할 수 있는 법을 배울 수 있지요. 그 방법은 조금 있다 알려 드릴게요.

후회도 분노처럼 언뜻 부정적으로 보이나 잘 활용하면 인생에 도움이 되는 감정입니다. 전문가들은 후회가 크게 네 종류로 나뉜다고 이야기합니다. 기반성 후회(그 일을 했더라면), 대담성 후회(위험을 감수했더라면), 도덕성 후회(옳은 일을 했더라면), 관계성 후회(손을 내밀었더라면)이지요. 그런데 어떤 종류의 후회인지 상관없이 간단하게 후회와 자신을 바라보는 방식을 재구성하고, 교훈을 얻을 수 있는 방법도 있습니다.

감정을 다스리는 세 가지 방법

1단계는 '자기 노출'입니다. 다시 말해, 드러내고 털어내는 것이죠. 후회를 부정하기보다는 대화나 글쓰기 등을 통해 다른 사람에게 털어 놓음으로써 애써 감춰 놓은 후회와 감정으로 인한 부담에서 벗어나는 것이 자기 노출입니다. 2단계는 '자기 연민'입니다. 정상화 또는 중화하기라고도 하죠. 좌절, 실패의 순간에 스스로를 비하하거나 질책하는 대신 인간은 누구나 불완전하고, 실수한다는 것을 받아들이는 것입니다. 다른 사람에게 하는 것처럼 자신에게도 이해심을 베풀고, 스스로에게 친절해지면 내 감정이 덜 무거워질 수 있지요. 3단계는 '자기와 거리 두기'입니다. 중립적인 관찰자의 관점에서 상황을 바라보는 것으로 언어, 공간, 시간을 통해 자신과 거리 두는 거예요.

미국의 어린이 프로그램 「세서미 스트리트」에 등장하는 꼬마 괴물 엘모는 자기를 지칭할 때 '나'라고 표현하지 않고 '엘모'라는 이름을 사용합니다. "엘모는 이렇게 생각해!" "엘모는 피자를 좋아해."라고 말하는 것이지요. 이런 화법은 부정적인 감정에 몰두하는 것을 막아 줍니다. 이것을 언어를 통한 거리 두기라고 합니다.

공간을 통해 거리를 둔다는 의미는 자신의 상황을 다른 사람의 상황을 평가하듯 바라본다는 뜻입니다. 친했던 친구와 다툰 후 '내가 우리 우정을 다 망쳐 버렸어. 다 끝났어.'라고 자기 관점에서 후회하기보다는 '지금 두 사람은 상처를 입었지만 둘 중 하나라도 용기를 내어 사과한다면 우정이 회복될 수 있어. 누구나 실수할 수 있어.'라고 중립적인 관찰자의 시점에서 상황을 바라보는 것입니다. 당사자인 자

1단계 **자기 노출**

대화나 글쓰기를 통해 감정 털어놓기

2단계 **자기 연민**

누구나 불완전하고 실수한다는 것을 인식하고
스스로에게 친절해지기

3단계 **자기와 거리 두기**

중립적인 관찰자의 관점에서 상황을 바라보기

신보다 다른 사람이 나의 상황을 객관적으로 바라볼 수 있는 법이니까요.

시간을 통해 거리를 두는 것은 미래의 일을 상상해 보며 지금 몰두하고 있는 문제를 더 작고, 일시적으로 보이게 만드는 방법입니다. 예를 들어, 지금 후회하고 있는 사건을 10년이 지난 후 돌아봤을 때 어떤 마음일 것 같은지 생각해 보세요. 10년 후의 여러분은 어떤 방법을 사용했을까요? 이런 식으로 떠오르는 아이디어를 지금 상황에 적용해 볼 수도 있습니다.

이 세 단계를 거치면 후회를 안정, 성취, 목적을 위한 강력한 힘으로 바꿀 수 있습니다. 분노든지 후회든지 감정의 무게가 커 감당하기 힘들 때는 지금 알려 준 방법을 활용해 보세요.

지금까지 나의 몸과 마음을 발견하는 과정을 알아보았습니다. 발견에서 중요한 건 자기를 비난하거나 자책하지 않고 있는 그대로 받아들이는 것입니다. 인정과 수용이라고도 할 수 있지요. 내가 어떤 사람인지 아는 것이 자기방어의 밑바탕입니다. 나의 신체적 강점은 무엇인지, 어떤 것을 잘하는지, 감정을 잘 드러내는지 아니면 잘 숨길 수 있는지, 무엇을 참기 어려워하는지, 좋아하는지 등등 '자기 사용법'을 잘 아는 사람은 어떤 상황에서도 침착하고 현명하게 대응할 수 있습니다.

감정 그래프 그리기

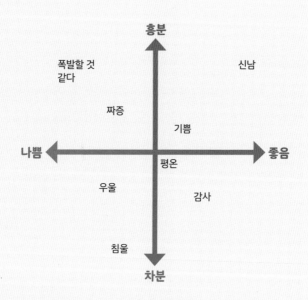

감정 그래프 그리기는 지금 느끼는 감정이 어떤 것인지 잘 모르겠을 때 사용하면 좋은 방법입니다.

— 왼쪽 그림과 같은 그래프를 그려 봅시다.

— X축 왼쪽으로 갈수록 나쁜 기분, 오른쪽으로 갈수록 좋은 감정입니다.

— Y축 위쪽으로 갈수록 흥분되고, 아래쪽으로 갈수록 차분한 감정입니다.

내가 어떤 기분인지 살펴보고 싶을 때 X축과 Y축 사이 어딘가에 점을 찍어 보면 이 감정이 대략 어떤 것인지 파악할 수 있습니다. 여러 상황을 상상해 보며 이럴 때 어떤 기분이 들지 그래프에 점을 찍어 보세요.

상황1 이번 주 안으로 끝내야 할 숙제가 가득한데 파란 하늘, 시원한 바람을 맞으며 잔디 위에 누워 있는 상황

상황2 집에 가기 직전에 선생님이 숙제를 주어서 갑자기 할 일이 많아졌을 때

상황3 친한 친구가 만날 때마다 나에게 비슷한 내용의 충고를 반복하고

있는 상황

상황 4 밤거리를 혼자 걷고 있는데 누군가 뒤에서 쫓아오는 것 같은 느낌이 드는 상황

상황 5 친구에게서 "코만 좀 높으면 진짜 괜찮을 거 같은데!"라는 이야기를 들은 순간

상황 6 학교에서 내가 한 일을 자신이 한 것처럼 말하는 친구를 본 순간

상황 7 나를 제외한 다른 친구들이 내가 전혀 모르는 주제의 이야기를 신나게 말하는 상황

2부

방어: 우리를 지키기

직감이라는 위험 탐지 레이더
상황 판단하기

이제 '자기'를 아는 방법을 배웠으니 본격적으로 '방어'를 배워 볼 시간입니다. 방어라는 말을 최근 언제 사용했나요? 아마 잘 기억 안 나는 분들도 많을 것 같아요. 게임에서나 들어 본 것 같기도 할 거고요.

방어는 공격이 있을 때 하는 것입니다. 하지만 일상생활에서는 신체적 폭력이 아닌 경우 상대의 행동이 공격인지 아닌지 판단하기 어려운 순간이 많습니다. 그래서 이번 파트에서는 자기방어를 위한 구체적인 방법들을 살펴볼 예정입니다.

주먹보다 빠르게
판단하기

자기방어 훈련의 목표는 위험하거나 취약하다고 느끼는 상황에서 스스로 방어할 수 있도록 기술을 연습하고, 자신감을 높이는 것입니다. 그렇다고 격투 기술이 뛰어난 종합 무술인이 되어야만 하는 것은 아닙니다.

우리가 일상에서 경험하는 위협과 폭력은 신체적인 면뿐만 아니라 정신적, 심리적인 부분에서 많이 나타나요. 예를 들면, 길을 걸어가다 술 취한 사람이 따라오는 경우, 학교에서 누군가 날 괴롭히는 경우, 지하철이나 엘리베이터 안처럼 폐쇄된 공간에서 같이 탄 사람이 수상한 낌새를 보이는 경우 등 신체적 접촉이나 물리적 폭력은 없지만 우리를 불안에 빠뜨리는 순간이 있습니다. 안전을 위해 적절히 대응해야 하는 이런 상황에선 힘이나 격투 기술보다는 지금 상황이 나에게 위협이 되는지, 상대가 나를 공격했는지 또는 공격할 것 같은지를 빠르게 판단하는 능력이 필요합니다.

한편, 내 한 몸 지키는 것도 중요하지만 위기의 근본적인 원인을 해결하는 것도 필요합니다. 이런 일은 혼자 할 수 없어요. 그러니 '나'를 넘어 '우리'를 지키는 것으로 나아가야 합니다. 우리는 피해자이거나 약자이기만 한 것이 아니라 반격과 대응과 통제를 할 수 있는 힘을 가지고 있습니다.

앞으로도 계속 언급하겠지만 방어에 정해진 답은 없습니다. 위험 상황이라고 판단되는 경우 그 순간에 가장 효과적인 방법으로 안전하게 상황을 종료시키면 됩니다. 그러기 위해선 연습이 필요하고요.

이번 장에서 고함을 치고 킥과 펀치를 날리다 보면 평소 느껴 보지 못한 자신의 힘을 발견하고 위험 상황을 통제할 수 있다는 자신감을 느낄 수 있을 거예요.

직감이 중요해

누가 봐도 명백한 공격 상황이든지 바로 판단하기 애매한 상황이든지 '공격인가, 아닌가?'를 판단할 때 가장 중요한 건 자신의 직감입니다. 어떤 상황을 마주했을 때 '어? 뭔가 이상한데?' 하고 즉각적으로 떠오르는 감각 말이에요. 인간이 태어날 때부터 가지고 있는 이런 감각은 오랜 세월 동안 인류가 생존할 수 있게 도와준 위기 대처 경보기입니다. 뭔가 이상하다는 낌새를 눈치챘다면 그러한 자신의 직감과 본능을 신뢰하세요. 만일 그 직감이 틀렸다고 해도 잠깐 당혹스러울 뿐이죠. 직감을 따르지 않아 목숨을 위협받게 되는 것보다 잠깐 당혹스러운 편이 훨씬 더 나을 것입니다.

그런데 어떻게 직감을 따라야 할까 고민되는 분들도 많을 것 같아요. 직감을 따르기 위해서 때로는 거절도 해야 하고 때로는 도망치거나 싸우기도 해야 하고 때로는 밝히고 싶지 않은 것일지라도 주변에 알려야 하니 용기가 필요한 순간도 많습니다. 우선 A, B, C의 사례를 보며 저런 상황에서는 어떻게 행동하는 것이 좋을지 같이 고민해 볼까요?

사례 A

A는 종종 친구들과 또는 혼자 공원을 산책하곤 합니다. 조용한 자연에서 풀 냄새를 맡으며 걸을 때 가장 행복하다는 A는 한

적한 공원을 혼자 걷고 있습니다. 좀 걷다 한숨 돌리며 차를 마시는데 잔디밭에서 캠핑을 즐기고 있던 어떤 사람이 "안녕하세요!" 하고 A에게 손을 흔듭니다. A도 "안녕하세요!"라고 답하고 다시 차를 마시는데, 그 사람이 A에게 다가와 "방금 만든 건데 드셔 보실래요?" 하고 먹을 것을 건넵니다. A는 그 순간 왠지 꺼림칙한 기분이 들어서 그 음식을 먹고 싶지 않아요. 그간 낯선 사람들과 음식을 나눠 먹는 일은 종종 있었는데 지금은 왠지 그럴 마음이 들지 않습니다.

사례 B

격투기를 좋아하는 B는 집 근처 주짓수 도장에 다니고 있어요. 시험 기간이라 바빠서 한동안 도장에 나가지 못하다가 오랜만에 도장에 갔습니다. 관장님은 "그동안 왜 안 왔어?!"라고 말하며 장난치듯 B를 뒤에서 껴안고 목을 조르는 초크 기술을 걸어요. 평소 도장에서 자주 연습했던 기술이라 관장님이 이렇게 초크를 건 것이 처음은 아니지만, 이렇게 예상치 못하게 당하니 B는 순간적으로 당황스럽고 불쾌한 기분이 들어요.

사례 C

학원이 늦게 끝나는 날이면 학원 선생님은 종종 C를 집 근처까지 태워다 주시곤 했어요. 지금도 여느 때와 다름없이 선생님은 C에게 "선생님이 집까지 데려다 줄게."라고 합니다. 그런데 오늘따라 C는 선생님의 말에 불편하고 부담스러운 마음이 듭니다.

여러분이 이 상황의 당사자라면 어떻게 행동했을 것 같나요? '이건 뭔가 불편해.' 또는 '이상하게 내키지 않아.'라는 생각이 떠올랐을 때 상대가 혹시 실망할까, 화를 낼까, 관계가 틀어질까 걱정하다가 애써 불편한 마음을 무시하고 '내가 예민한 거야.'라고 생각한 적이 있지 않나요?

상황에 따라
대응하는 방법이 다 달라

이럴 때 나의 욕구와 상대방의 제안 모두를 고려하는 방식으로 상황을 정리하는 연습을 해 보세요. 가령 A는 "아, 오늘 제가 속이 좋지 않아서요. 맛있어 보이는데 아쉽네요. 감사합니다."라고 대답하며 먹고 싶지 않은 음식을 억지로 받기보다 정중하게 거절하는 것이 좋습니다.

B와 C의 경우는 모르는 사람이 아니라 이미 알고 지내던 선생님에게 불편함을 표시해야 하기 때문에 A보다 더 고민될 수 있어요. B는 관장님에게 그 자리에서 바로 "관장님, 이건 좀 아닌 것 같아요."라고 정색을 하고 불쾌함을 말할 수도 있고, 운동이 끝난 뒤 다른 수강생들이 없을 때 "관장님, 아까 제가 오자마자 갑자기 뒤에서 초크를 하셔서 너무 당황스러웠어요." 하고 진지하게 이야기를 할 수도 있습니다. 이는 평소 맺어 온 관계, 체육관 분위기, 상대방의 성격과 태도 등에 따라 달라지겠지요.

관장님이 장난이 지나쳤다고 사과를 할 수도 있고, 오히려 B가 너무 예민하다고 핀잔을 줄 수도 있어요. 상대의 반응이 어떨지 확실하게 예상하기는 어렵지만 어떤 반응을 할지 두려워 그냥 참는다면 상대방이 다음에 비슷한 행동을 또 할 가능성이 높아집니다. 장난의 수위가 더 높아질 가능성도 있고요. 그래서 말을 꺼내기 어렵더라도 처음 이런 불편함을 느꼈을 때 이런 장난은 기분 나쁘다는 의사를 분명히 전달하는 것이 제일 좋습니다. 시간이 지날수록 말을 꺼내기는 더 어려워지거든요.

C의 경우에는 이미 이전에 여러 번 선생님이 집 근처까지 데려다준 적이 있었지만 이번에는 선생님의 제안이 이전과는 다르게 부담스럽게 느껴진 상황입니다. 이때는 "오늘은 혼자 좀 생각할 것이 있어서요. 집에 천천히 걸어가 보려고요. 감사합니다." 하고 가볍게 거절해도 좋겠지요.

만일 A, B, C 사례에서 정중하게 거절하거나 불편한 감정을 전달했음에도 상대가 나의 말을 무시한다면 어떻게 해야 할까요? 속이 좋지 않다고 이야기했음에도 상대방이 자기 성의를 무시하는 것 같아 기분 나쁘다며 시비를 걸어온다면? 갑자기 초크를 걸어 당황했다고 하니 "너 너무 예민한 거 아니야?"라며 오히려 B를 이상한 사람 취급한다면 어떻게 해야 할까요?

자기방어 교육을 위한 국제적 움직임을 이끄는 예후디트 지클린 시디크만(Yehudit zicklin-Sidikman)은 '생각하고, 고함치고, 벗어나고, 싸우고, 말하라!'라는 자기방어의 5가지 원칙을 세웠습니다. A의 경우 상대와 말이 통하지 않는다고 판단된다면 기분이 더 상하기 전에 다른 곳으로 이동해 벗어나는 것이 낫습니다. B의 경우 관장님께 용기 내어 의견을 전달했음에도 그 말을 비꼬아 듣거나 도리어 화를 낸다면 같은 체육관에 다니는 친한 친구들과 부모님에게 "나 이런 일이 있었어." 하고 겪었던 일을 이야기하세요. 여러분의 이야기를 들은 누군가가 "어? 나한테도 그랬었어!"라고 말할 수도 있습니다. 용기 내어 나의 경험을 다른 사람에게 이야기하면 다른 사람도 여러분 덕분에 자신의 경험을 이야기할 용기를 낼 수 있어요. 만일 그가 여러분뿐 아니라 다른 사람에게도 상습적으로 불쾌한 행동을 했다면 부모님들이 정식으로 관장님께 항의할 수도 있습니다. 그럼에도 소통이 되지 않고 문제가 계속된다면 다른 수강생들과 함께 그 체육관을 그만두고 다른 곳을 찾아보는 것이 낫습니다.

일단 상황을
판단하자

이런 사례보다 좀 더 심각한 언어폭력 또는 신체적 폭력을 당했다면 어떤 방법으로 대응할 수 있을까요? 갑자기 혼란스러운 상황에 처하면 종종 '여긴 어디고, 나는 누군가?'

라는 생각이 들 때가 있어요. 말하자면 상황 파악이 안 되는 거죠. 그러니 어떤 행동을 해야 할지도 모릅니다. 오른쪽에 보이는 것처럼 '환경, 상대(공격자), 나 자신'이라는 세 가지 요소를 통해 상황을 분석하면 어떻게 대응할지 결정하는 데 도움이 됩니다.

환경 요소는 여러분에게 유리하거나 불리하게 작용할 수 있습니다. 환한 낮이라 길거리에 사람이 많다면 여러분을 도와줄 수 있는 사람, 목격자도 많을 것입니다. 반면 어두운 밤이라 인적이 드물다면 낮보다 더 위험할 수 있습니다. 다만 어둡다면 몸을 가리고 숨기기도 용이할 겁니다. 갇힌 공간에 있다면 탈출로를 파악하고, 백팩이나 핸드폰처럼 방패나 무기로 사용할 수 있는 물건이 있는지도 파악해야 합니다. 이처럼 주어진 환경을 최대한 활용하는 게 중요해요.

그리고 공격자가 아는 사람인지, 모르는 사람인지에 따라 대응 방법이 달라질 수 있습니다. 예를 들어, 공격자가 택시 기사라면 앞으로 다시 만날 일이 없을 테니 상황에 따라 임기응변으로 거짓말을 할 수도 있습니다. 예전에 저는 "아가씨, 남자 친구는 있어요?"라고 묻는 택시 기사에게 실제로

환경
- 실내인지 실외인지
- 어디로 탈출하면 되는지
- 주위에 사람이 있는지, 가까운지, 어떤 사람인지
- 밤인지 낮인지
- 몸을 숨길 수 있는 물건이 있는지
- 가로막는 물건이 있는지
- 주변에 무기 또는 방패로 사용할 수 있는 물건이 있는지

나

공격자

- 몸 상태가 어떤지
- 심리 상태가 어떤지
- 힘이 얼마나 남아 있는지
- 운동 경험이 얼마나 되는지
- 소지품 중에 무기로 사용할 수 있는 물건이 무엇인지

- 나와 어떤 관계인지
- 얼마나 가까이 있는지
- 체격 차이가 얼마나 나는지
- 나에게 바라는 것이 무엇인지
- 무기를 가지고 있는지

『호신술 지도자를 위한 호신술 지도서』(조안 넬슨 지음, 김창우 옮김, 대한미디어 2003)의 내용을 참조해 재구성하였습니다.

는 혼자 살고 있었음에도 "네, 결혼해서 애가 둘이에요."라고 기사님이 더 이상 그런 질문을 하지 못하게 짧게 대답하기도 했습니다.

공격자가 같은 학교에 다니는 동급생이라면 나에 관해 잘 알고 있을 테고 매일 마주칠 수 있으므로 임기응변보다는 선생님이나 다른 친구들의 도움을 받는 방법 등 전략적인 대응이 필요합니다.

나보다 체격이 크고 힘이 세 보인다면 상대의 손이 닿을 수 없는 거리를 유지하고 상대가 나에게 바라는 것이 무엇인지에 따라 협상을 할 수도 있고 단호하게 거절할 수도 있습니다. 손이나 옷깃이 잡혔다면 상대의 힘을 역이용하는 호신술을 사용합니다. 만일 무기를 가지고 있는 것으로 보인다면 최대한 빨리 안전한 곳으로 벗어나야 하겠죠. 이와 관련해서는 다음 장에서 자세히 알아볼 거예요.

마지막 요소는 '나'입니다. 현재 몸은 어떤 상태인지, 마음은 어떤 상태인지, 혹여 신체적 접촉이 일어난다면 공격자에게서 어떤 방법으로 벗어날 수 있을지를 종합적으로 생각하며 대응 전략을 세워야 합니다.

이 세 가지 요소 중에서 환경, 공격자는 통제할 수 있는 요소가 아닙니다. 하지만 '나'의 자기방어 기술이나 체력을 향상시킬 수는 있습니다. 평소 건강 관리와 운동을 꾸준히 하는 것이 중요한 이유입니다.

2

대응은 다이얼처럼
상황별 대응

여러분은 혹시 아라비아숫자가 적힌 네모난 키패드 대신 동그란 판이 붙은 전화기를 본 적 있나요? 동그란 판에 각 각의 숫자가 빙 둘러 써 있어 해당되는 숫자를 입력하려면 맞는 구멍에 손가락을 넣어 시계 방향으로 돌려야 하는 그 런 전화기 말입니다. 제가 어렸을 때만 해도 이런 전화기가 많이 사라져 거의 찾아볼 수 없었던지라 여러분은 한 번도 보지 못했을 거 같기도 하네요. 이런 전화기를 다이얼 전화 기라고 합니다. 숫자가 그려진 동그란 눈금판 장치를 다이 얼이라고 하거든요. 금고를 열 때 돌리는 장치도, 시계의 판도 다이얼이라고 합니다.

여러분이 다이얼 전화기 아니면 금고 앞에 서서 숫자를 입력해야 한다고 생각해 보세요. 내가 원하는 숫자를 머릿속에 떠올리며 신중하게 다이얼을 돌려야겠죠? 자기방어도 비슷합니다. 자기방어 수업에서 '방어'는 도망치거나 맞서 싸우거나 둘 중 하나만 의미하는 것은 아닙니다. 그보다는 상황에 따라 마치 다이얼을 돌리는 것처럼 알맞게 대응 수위를 조절해야 합니다. 공격자가 예상하지 못한 방식의 대응을 상상해 보는 것도 필요하고요. 이런 방식들이 더 현실성 있는 자기방어 수업입니다. 숙련될수록 다이얼이 점점더 촘촘해져서 상황에 따라 내가 1만큼 대응할지, 3만큼 대응할지, 아니면 5.5나 7.3만큼 대응할지를 판단해서 행동할수 있을 것입니다.

자기방어 수업이라고 했을 때 우리가 흔히 떠올리는 호신술은 최후의 수단이라고 할 수 있습니다. 호신술이 마지막 순서라는 것에 놀란 분들도 있을 것 같아요. 공격자가 갑자기 뒤에서 껴안는다거나 목을 조를 때, 손목을 세게 잡았을 때와 같은 기습 상황을 제외하고 신체적 공격이 일어나기 전에 공격에서 벗어날 수 있는 행동을 취하는 것이 더 중요합니다. 신체적 공격을 막을 수 있는 행동 전략은 크게 네 가지로 나뉩니다.

공격을 막는
방법

첫 번째 행동 전략은 '즉각적 후퇴', 즉 도망입니다. 뭔가 낌새가 이상하면 바로 그 자리를 벗어나는 것이 가장 좋습니다. 피할 수만 있다면 재빠르게 벗어나는 것이 나를 가장 안전하게 지킬 수 있는 방법입니다.

두 번째는 '긴장 감소'라고 하는 비폭력 행동 전략입니다. 이 방법은 위협하는 사람과 유대감을 형성하여 흥분을 감소시키고 신체적 공격 가능성을 낮추는 것이 목표입니다. 가볍게 말을 걸어 분위기를 바꿀 수도 있겠고 그게 여의치 않다면 동요하지 않고 양손을 앞으로 살짝 내밀어 공격자의 말을 듣고 있다는 제스처를 취할 수도 있겠죠. 이렇게 양손을 앞으로 살짝 내미는 것은 상대를 진정시키면서도 얼굴을 보호하는 효과도 있습니다. 직업상 흥분한 상태의 고객을 자주 상대해야 하는 상점 직원, 술집 주인, 의료인 등에게 특히 유용한 전략이지만 흥분한 사람을 다룰 때 누구에게나 도움이 될 수 있습니다.

세 번째는 '단호한 주장·대항' 전략입니다. 이 기술은 특히 성폭력 위협이 있는 상황에서 상대를 단념시킬 때 유용합니다. 대부분의 성범죄 가해자는 피해자가 두려움에 떨며 겁먹고, 자신에게 복종하고, 도망가길 주저하고, 순진하게 행동하고, 고분고분하게 행동하기를 기대합니다. 이렇게

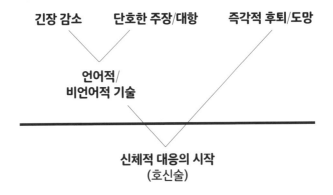

대응 전략과 순서

행동하는 대신, 공격자가 피해자에게 기대하는 행동을 하지 않고 단호한 눈빛과 자세를 보이며 명확한 발음으로 공격자의 시나리오를 깨는 행동을 한다면 공격자가 '이 사람은 만만하지 않겠는데.'라고 생각하며 공격을 포기할 가능성이 높아집니다.

예를 들어, 밤늦은 시간 집으로 돌아오는 길에 술 취한 사람과 마주쳤다고 생각해 봅시다. 흥분한 상대가 고압적인 태도로 나에게 삿대질할 때 양손을 가슴 앞으로 살짝 뻗고 아래 방향으로 내리면서 "진정하세요. 듣고 있습니다."라고 몇 번 말해 볼 수 있을 거예요. 이 방법으로 상황이 해결되면 좋겠지만 여전히 상대가 고함을 멈추지 않을 때는 단호한 대응이 필요합니다. 이럴 때는 살짝 구부리고 있었던 양팔을 좀 더 펴면서 "그만 하세요! 더 이러면 신고하겠습니다!"라고 큰 소리로 외치며 태세를 전환하는 겁니다. 상대방이 움찔 놀랄 만큼 빠르게 하면 더 좋습니다.

네 번째는 신체적 공격을 막기 위한 앞선 전략이 모두 실패했을 때 하는 최후의 수단, 즉 호신술입니다. 이럴 때 사용할 수 있는 기술로는 피하기나 막기같이 서로에게 최소한

의 피해를 주는 무력화 기술, 발차기와 가격하기같이 상대를 치는 타격 기술, 조르기, 꺾기와 같은 제압 기술 등이 있습니다.

호신술의
네 가지 원칙

신체적 폭력에 대응하는 호신술의 원칙들을 좀 더 자세히 알아볼까요? 첫째는 첫 공격부터 단호하게 대응하기입니다. 공격자에게 손목을 잡혔을 때 잡힌 손을 힘없이 두고 반격하지 않는다면 공격자는 내가 가만히 있으니 '더 공격해도 괜찮겠는데?'라고 생각하며 더 심한 공격을 할 수도 있습니다. 하지만 내가 손목이 잡힌 채 가만히 있지 않고 "이 손 놓으세요!"라고 단호하게 말하면서 잡힌 손의 손끝까지 힘을 주며 손가락을 쫙 편다면 손목을 잡은 공격자의 손에 나의 힘이 전달되며 손목 잡기를 포기하게 만들 수도 있습니다.

둘째는 '하나보다 둘이 강하다.'입니다. 손목이 잡힌 상황에서 단호하게 대응했음에도 공격자가 잡은 손을 놓지 않거나 다른 공격을 시도하려 한다면 양손을 단단하게 깍지 끼고 탈출로가 있는 방향으로 몸을 힘 있게 회전합니다. 그와 동시에 양 팔꿈치를 순간적으로 구부려 손목을 빼고 탈출로를 향해 달려갑니다. 잡힌 손 하나만으로는 공격자의 손아귀에서 빠져나오기 어려웠더라도 두 손을 깍지 껴 힘을 두 배로 만드는 기술을 사용해 벗어날 수 있습니다. 나아가 하나보다 둘이 강하다는 말은 혼자 대응하기보다는 주변에 도움을 요청하는 것이 좋다는 뜻이기도 합니다. 신체적 공격을 당했다면 힘껏 소리를 질러 이웃의 도움을 받으세요. 도망갈 수 있다면 가장 먼저 경찰에 신고하는 것도 중요합니다.

셋째는 상대의 힘을 역이용하는 것입니다. 앞서 호신술의 기본 원리로 소개했던 '밀당당밀'(상대가 밀면 나는 당기고, 상대가 당기면 나는 민다.)과 같은 개념입니다. 공격자가 나를 잡으려 두 팔을 벌리고 달려오는 상황을 예로 들어 볼게요. 달려오는 공격자의 힘을 역이용하여 안전벨트를 매듯 공격자의 한쪽 팔을 어깨에 걸치며 순간적으로 주저앉으면, 공격자는 자신이 달려오던 힘에 못 이겨 스스로 자빠지게 될 것입니다. 이를 메치기 기술이라고도 합니다. 상대의 무게 중심을 흔들어 넘어뜨리는 거지요. 이런 기술은 혼자 습득하기보다는 유도, 주짓수, 합기도 등 체육관에서 배우는 것이 안전합니다.

넷째는 움직일 수 있는 부분에 집중하는 것입니다. 정작 공격을 당하면 손목만 잡혀도 마치 몸 전체가 공격자의 손아귀에 옭아매진 것처럼 몸이 뻣뻣해지고 움직일 수 없는 느낌이 들 수도 있어요. 그럴 때는 '단지 손목만 잡혀 있을 뿐이야!'라고 속으로 외쳐 보세요. 두 다리, 몸통, 머리 등등 잡힌 손목을 제외한 나머지 몸의 모든 부위를 움직일 수 있다는 것을 꼭 기억하세요. 그럼 그 상황에서 벗어나기 한결 쉬워질 겁니다.

호신술은 최후의 수단이어야 한다고 말하긴 했지만 호신술을 배우고 호신용품을 가지고 있는 것만으로도 심리적인 안전감을 가질 수 있습니다. 특히 작고 가벼워 인기가 많은 호신용품으로는 후추 스프레이, 쿠보탄, 전기 충격기, 경보기, 호루라기 등이 있습니다. 후추 스프레이는 매운 성분이 들어 있는 액체를 공격자의 안면을 향해 순간적으로 분사시

켜 일시적으로 상대를 무력화시키는 도구입니다. 다만 잘못하면 자신을 향해 분사할 수도 있어 주의가 필요합니다. 쿠보탄은 볼펜처럼 생긴 호신용 무기로 공격자를 가격하는 용도로 사용합니다. 쿠보탄이나 전기 충격기는 상대의 얼굴 또는 몸을 찔러 공격하는 무기이므로 적절하게 사용하기 위해서는 연습이 필요합니다. 경보기와 호루라기는 고음으로 주변에 위기 상황임을 알릴 수 있는 도구지만 소음이 심한 곳에서는 효과가 적고, 경보음만으로 공격자를 무력화시키기는 어렵다는 단점이 있습니다. 어떤 호신용품을 고르든 반드시 사용법을 잘 숙지한 후 들고 다닌다면 자신감을 갖는데 도움을 줄 것입니다.

대응 시나리오를 써 볼까?
사례별 대응 방법

이론적인 설명만 들어서는 실제 상황에서 어떻게 해야 하는지 감이 잘 안 잡히죠? 그러니 구체적인 사례를 들어 각각 사례에 맞는 대응 방법을 생각해 봅시다.

사례 D

동네 작은 의원 대기실에서 진료에 불만을 품은 어느 환자가 간호사 D에게 다짜고짜 욕설을 하기 시작합니다. "야, 무슨 진료를 이따위로 해! 피부가 이렇게 상했잖아! 주사 놓기 전에 부작용에 대해 설명을 해 줬어야 할 거 아니야!"라고 점점 언성을 높이며 마치 손찌검을 하려는 듯 손까지 들어 올립니다.

사례 E

늦은 시간 집으로 가기 위해 택시를 탄 장애인 E는 택시 기사의 행동에 불안을 느낍니다. 기사는 무례하게 "언제부터 다리를 그렇게 절었어요?" "혼자 사세요?" "애인 있으세요?"와 같은 사적인 질문을 던지며 목적지로 가는 길이 아닌 엉뚱한 길로 운전을 하는 것이었습니다. E가 대답을 하지 않고 있으니 "귀도 안 들리나? 내 말 무시해?"라고 빈정거리며 점점 더 난폭하게 운전하기 시작합니다.

사례 F

명절이면 F의 집은 친척들로 북적입니다. 지난 추석에도 여느 명절과 다름없이 친척들이 모여 음식을 나눠 먹고 이야기하다 밤이 되자 거실과 방에 흩어져 잠을 잤어요. F가 자고 있는데 어릴 때부터 친하게 지낸 사촌 오빠가 F의 옷을 벗기려고 합니다. F는 잠에서 깼지만 아무 행동도 할 수가 없었고, 몸을 뒤척이는 척하면서 돌아누웠어요. 다음 날 F는 전날 밤 있었던 일을 아무에게도 말하지 못했습니다. 부모님이 이 사실을 알면 가족과 친척들 사이의 화목한 관계가 무너질 것 같았거든요. 결국 누구에게도 말하지 못한 채 시간이 흘렀고, 사촌 오빠는 그 후로도 아무 일도 없었다는 듯 태연하게 F의 집을 드나듭니다.

여러 전략을
같이

세 가지 사례 모두 환경과 공격자는 물론 당사자의 상태도 무척이나 다릅니다. 다른 상황에는 다른 전략이 필요해요. 간호사 D가 있는 환경은 동네 의원 대기실입니다. 대형 병원처럼 경비가 따로 있지 않고, 주변에는 다른 대기 환자들이 있습니다. 공격자와 D 사이에는 접수 데스크가 놓여 있어서 두 사람 사이에 장벽 역할이 되어 주고 있고요. 공격자와는 의료인과 환자 관계인데 공격자가 치료 결과에 불만을 품고 점점 긴장이 고조되는 상황입니다.

　직업상 흥분한 환자를 상대해야 하는 간호사 D는 긴장 감소 전략을 사용하는 것이 필요해 보입니다. 양손을 가슴 앞으로 내밀어 손을 바닥 쪽으로 살짝 내렸다 올리며 "네, 그러셨군요. 진정하시고 다시 천천히 말씀해 주세요."라고 말하고 상황이 진정될 기미가 보이지 않으면 다른 동료나 대기 환자에게 도움을 요청해야 합니다. 필요하다면 경찰을 부를 수도 있겠죠.

　택시 안에 있는 E는 차 안에 공격자와 단둘이 있어요. 공격자가 운전대를 잡고 있기 때문에 차를 마음대로 멈추기도 어렵고, 어떻게 차 문을 열고 도망친다고 해도 E는 장애가 있어 빠르게 달리기 어렵습니다.

　이럴 때는 다른 사람에게 연락하는 것이 중요합니다. 가족이나 친구에게 전화해서 "나 지금 택시 안인데 기사님이 길을 잘 못 찾으시는 것 같네. 여기 위치가 어디냐면……" 이렇게 큰 소리로 택시 기사가 들을 수 있게 통화를 할 수도 있습니다. 다른 누군가가 이 상황을 인지하고 있다는 사실을 알게 된 가해자는 행동을 좀 더 조심하게 될 가능성이 높습니다. 하지만 만약의 사태에 대비해 근처에 붙어 있는 택시 기사의 신분증을 사진으로 찍어 보호자에게 전송할 수도 있겠죠.

그리고 기사의 언행이 위험한 수준에 이르렀다 판단이 들 때는 바로 경찰에 신고해야 합니다. 경찰의 신고하는 방법에는 여러 가지가 있습니다. 112에 직접 전화할 수도 있지만 이처럼 가해자와 한 공간에 있어 전화가 힘들 때는 112에 현재 위치와 상황을 정리해 문자 메시지를 보내거나 아니면 '긴급신고 바로' 어플로 경찰에 신고할 수 있습니다. 참고로 택시를 탈 때는 가급적 뒷좌석에 앉는 것이 더 안전합니다. 뒷좌석에 앉으면 택시 기사는 여러분을 보기 어렵고, 반대로 여러분은 택시 기사를 주시하고 있을 수 있기 때문에 조수석에 앉아 있는 것보다 더 잘 대처할 수 있습니다. 택시 번호판도 확인하면 좋습니다. 정식으로 등록된 택시라면 번호판에 '아' '바' '사' '자' 중 한 글자가 적혀 있기 때문에 다른 글자가 적힌 차량은 불법 차량이라고 합니다. '아빠사자'라고 하면 기억하기 쉽지요.

F의 경우는 사촌 오빠의 성적 공격이 있고 난 뒤에 시간

이 좀 지난 상황입니다. 앞의 D, E와는 다르게 공격자와 어릴 때부터 잘 알고 친하게 지낸 사이고요. F는 아무에게도 사건에 대해 털어놓지 못하고 혼자 끙끙 앓고 있습니다. 자신이 그날 밤 있었던 일을 부모님께 말하면 자기 때문에 화목한 가족들 관계가 깨질까 두려워서요. 그런데 가해자인 사촌 오빠는 뻔뻔하게도 아무 일 없었다는 듯 잘 지내고 있습니다. F는 앞으로 어떻게 하는 것이 좋을까요?

우선 F에게 들려주고 싶은 말이 있습니다. 화목한 관계를 깨뜨린 건 F가 아니라 사촌 오빠라는 것을요. F가 부모님에게 그의 성추행 사실을 말하는 순간 관계가 깨지는 것이 아니라 사촌 오빠가 F의 옷을 벗기려고 했던 순간 이미 깨졌다고요. 그리고 가족에게 성추행이라는 범죄를 저지르고도 아무 일 없이 넘어간다면 사촌 오빠는 반성하거나 문제의식을 느끼지 못할 수도 있습니다. 부모님께 바로 말씀드리기 어렵다면 전문 상담 센터 또는 믿을 수 있는 이들에게 피해 사실을 털어놓고 상담하는 것이 좋겠습니다.

3

어떤 폭력은 눈에 잘 띄지 않아
대체 공격 무너뜨리기

길을 걸어가는데 누가 나를 갑자기 때리는 것처럼 가해자와 피해자가 명백하게 나뉘는 상황도 있지만 세상을 살아가다 보면 꼭 그렇지만은 않은 경우가 많습니다. 눈에 보이지 않는 공격을 받는다면 내가 공격을 받은 건지, 아닌건지 금방 알아채기 힘들 수도 있어요. 뒤에서 흉보기, 따돌리기, 소문내기, 욕하기, 조종하기 등을 통해 한 사람을 표적으로 삼아 괴롭히는 것처럼 신체적 접촉이 없는 폭력을 '대체 공격'이라고 합니다. 부모님과 선생님은 전혀 눈치채지 못했는데 반 아이들은 모두 알고 있는 따돌림과 은밀한 괴롭힘

같은 것들이 대표적이죠.

이런 경험
있지 않아?

대체 공격이라는 개념을 만든 학자는 초등학교 3학년 때 한 친구로부터 따돌림을 당했다고 해요. 그리고 16년 후 대학원생이 되어 문득 그때 따돌림을 당했던 기억을 떠올렸는데 가장 친했던 친구마저 아무 이유 없이 자기를 따돌렸다는 사실에 오랜 시간이 지났음에도 여전히 분노가 올라왔다고 합니다. 그래서 친구들에게 그때 자기가 따돌림을 당했던 이야기를 했다고 해요. 그런데 자리에 있던 6명의 친구들이 모두 비슷한 기억을 가지고 있었죠. 다들 자기만 그런 괴로움을 겪었다고 믿으면서 살아왔지만 사실 모두가 이런 문제를 겪은 적이 있었던 거예요. 지금 이 책을 읽는 여러분에게도 이런 경험이 있지 않나요? 적어도 저에게는 이런 경험이 있습니다.

저는 중학교 3학년 때 누군가를 따돌리는 행위에 암묵적으로 동조한 적이 있어요. 반에 아주 친하지는 않지만 다른 친구들 여럿을 포함해 함께 어울려 놀던 지영이라는 아이가 있었는데 어느 날 어떤 친구가 저에게 지영이와 말도 인사도 하지 말라고 했어요. 사소한 일로 지영이에게 기분이 상한 친구는 동급생 모두한테 그 애를 투명 인간 취급하라고 하며 따돌림을 주도했죠. 쉬는 시간이나 점심시간마다 책상 위에 고개를 파묻고 웅크리고 있던 지영이의 모습을 보며 안타깝기도 했지만 내가 혹시 지영이가 될까 무섭기도 했어요.

대체 공격은 관계적, 간접적, 사회적 공격 세 가지로 나뉘어집니다. 관계적 공격은 친구 관계나 소속감을 없애 버리거나 없애 버리겠다고 위협하는 것입니다. 관계적 공격의 핵심은 관계이기 때문에 대부분은 친밀한 사이에서 이루어집니다. 친하다고 여겼던 사람에게서 공격을 받는 것이기에 사이가 가까웠을수록 더 아프고 힘들겠죠.

가해자는 이런 피해자의 마음을 무기로 사용합니다. "이렇게 해! 안 그러면 너와 안 놀아!" 하면서 위협하는 거죠. 다른 아이들에게 보이지 않게 피해자에게만 작게 욕을 하거나, 부정적인 표정을 보여 주는 것, 분명히 말을 들었으면서 무시하는 것 등이 관계적 공격의 예시입니다.

나쁜 관계에서
벗어나기

미국 이종격투기 대회 UFC 최초의 여성 챔피언이자 2008년 베이징 올림픽 유도 동메달리스트인 론다 로우지 (Ronda Rousey)는 많은 이들이 주변 사람들의 신경을 거슬리지 않기 위해서 나쁜 관계를 끊지 못한다는 점을 강조하면서 발전하기 위해서는 두려워도 용기를 내어 불행한 관계를 끊어야 한다고 말합니다.

만일 누군가 대체 공격을 하고 있는 상황이라면 가만히 머물러 있지 말고 앞으로 나아가야 합니다. 여러분에게 단기적으로든 장기적으로든 해가 되는 관계라는 판단이 들면 연락을 줄이며 거리를 둘 수 있고, 만일 그가 가족이라고 할지라도 여러분을 모욕하고, 수치심 들게 하는 행동을 반복한다면 조치를 취할 수도 있습니다. 신뢰할 수 있는 사람이나 상담 기관에 도움을 요청하는 것도 방법이지만 만에 하나라도 폭력이 동원된다면 경찰에 신고해야 합니다.

관계적 공격과 비슷한 것으로 간접적 공격과 사회적 공격이 있습니다. 간접적 공격은 가해자가 피해자와 정면으로 부딪치지 않으면서 피해자에게 고통을 주는 것입니다. 악의적 소문내기 같은 것을 예로 들 수 있겠지요. 근거 없는 소문에 피해자가 억울함을 호소해도 가해자는 피해자를 다치게 할 의도가 전혀 없다는 듯 발뺌하면 책임을 추궁하기도 어렵죠.

사회적 공격은 자존감이나 집단 내의 사회적 지위를 훼손하는 것이 목적으로, 아까 언급했던 소문내기나 사회적 배제 같은 간접적 공격 또한 사회적 공격에 포함됩니다. 예를 들어, 학교 또는 직장에서 어려운 일이 생겼을 때 실제 책임자가 자신의 책임을 회피하기 위해 만만한 희생자를 정해놓고 희생자의 평판을 떨어뜨리면서 마치 그가 잘못해서 이런 일이 생긴 것처럼 사건을 조작하는 행위 등이 사회적 공격이라고 할 수 있습니다.

회피 말고,
직시

이런 상황에서는 어떻게 대응하는 것이 좋을까요? 갈등과 괴롭힘이 있다는 것을 애써 모른 척하기보다는 상황을 직시하고 전략적으로 대처하는 것이 좋습니다. 가해자는 누구인지, 몇 명인지, 어떤 식으로 대체 공격을 하고 있는지 글로 적어 보고, 할 수 있으면 증거를 수집해 두세요.

하지만 공격받을지 모른다는 생각에 미리 불안해 할 필요는 없어요. 평소에 사람들과 갈등이 있을 때 그것을 잘 다루는 방법을 고민하다 보면 관계적, 간접적 공격에 대응할 능력도 높아집니다.

우리가 관계를 이용한 대체 공격으로 타격을 입는 이유는 이미 우리 안에 고립되기 싫다는 두려움, 질투심, 경쟁심, 분노 같은 감정이 있기 때문입니다. 예를 들어, 집단 따돌림의 가해자는 고립되기 싫다는 두려움을 이용합니다. 따돌림이 발생하는 현장을 들여다보면 가해자와 피해자를 비롯해 가해자의 추종자와 지지자, 따돌림이 자기와는 상관없다고 여기는 방관자, 피해자를 도우려는 옹호자가 있다는 것을 볼 수 있습니다. 만일 여러분이 피해자를 도와주고자 하는 마음을 가진 옹호자라면 상황을 바꾸기 위해 도움을 요청하는 것이 좋습니다. 앞서 언급했던 경험에서 저는 따돌림 피해자였던 지영이를 보며 가해자가 비열하다는 것을 알면서도 침묵했던 내 모습에 죄책감을 느꼈어요. 만일 지금의 제가 그때로 다시 돌아간다면 용기를 내어 저처럼 부당하다고 생각하지만 침묵하고 있는 다른 친구들에게 제 마음을 솔직히 털어놓았을 것 같아요. "이건 뭔가 잘못됐어. 이상해."라고요. 그리고 다른 친구들 앞에서 지영에게 말을 걸거나 손을 내미는 직접적인 도움을 주지 못하더라도 이런 일이 벌어지고 있다는 사실을 선생님과 부모님께 말씀드릴 거예요.

감정은 숨길수록 어려워

따돌림 피해자에 대해 잘못 알려진 사실 중 하나는 따돌림 피해자는 약하고, 따돌림을 당할 만하기 때문에 당한다고 여기는 것입니다. 하지만 따돌림 피해자는 다양하며 그들의 공통점은 피해자라는 것뿐입니다. 오히려 다른 이들의 부러움을 살 만한 외모, 태도, 능력을 가졌다는 이유로 집단 따돌림의 피해자가 될 때도 있습니다. 누군가를 질투하며 "쟤 너무 재수 없지 않아?"라고 다른 아이들을 부추기는 미성숙한 집단 따돌림 가해자들도 있고요. 나보다 잘나 보이는 사람에게 질투심과 경쟁심이 생기는 것은 자연스러운 현상입니다. 하지만 그런 감정이 들었다고 상대를 비뚤어진 방식으로 공격해서는 안 되겠죠. 질투심, 경쟁심은 성장을 위해 필요한 감정입니다. 나쁜 감정이라고 생각해서 숨겨놓기만 한다면 감정이 쌓이고 쌓여 사소한 갈등 상황에서 비이성적으로 표출될 수도 있어요. 만일 여러분이 친한 친구에게 이런 감정을 느낀다면 여러분이 느끼는 마음을 살짝씩 꺼내어 보면 어떨까요?

이것들 모두 인간이라면 겪는 자연스러운 감정들이지만 불편한 상황을 피하려고만 한다면 문제를 해결하기 더 어려울 겁니다. 감정을 숨길수록 그것은 오히려 더 강해져 점점 더 억누르기 어려워집니다. 그러니 자기 생각과 감정을 지속적으로 관찰하고 부정적으로 느껴지는 감정이라도 그걸 용기 내어 말하는 연습을 해 보세요. 공격자에게 직접 이야기하는 것이 어렵다면 주변의 신뢰할 수 있는 사람에게 먼저 그동안 어떤 일이 있었는지, 그때 여러분이 어떤 마음이었는지 이야기해 보세요. 무엇보다도 자기 감정을 가치 있게 생각하는 게 중요합니다. 그래야 나 자신에 대해서도 가치 있다고 생각할 수 있거든요.

갈등이 있다고 해서 곧 관계가 끝나지는 않습니다. 한번 만나고 말 사이가 아니라면 언젠가 갈등은 생기기 마련이고 어떠한 갈등도 없이 관계가 오래 지속되는 건 부자연스러운 일입니다. 그런 경우에는 어느 한쪽이 갈등이 생기지 않게 꾹 참고 있을 확률이 높고요. 여러분은 어떤 모습으로 갈등을 대해 왔나요? 우리 모두는 대체 관계의 피해자일 수도 있지만 가해자가 될 수도 있습니다. 억눌린 공격성을 비뚤어진 형태로 드러내기보다는 상대에게 휘둘리지 않는 현명한 대화법을 연습하는 것이 더 낫습니다. 그렇다면 현명한 대화법이란 과연 무엇일까요?

내가 원하는 것
말하기

독일의 커뮤니케이션 전문가인 바바라 베르크한(Barbara Berkhan)은 끊임없이 서로에게 상처를 주고 싶은 마음 자체가 갈등을 지속시키는 원동력이라고 하며, 모든 갈등 해소는 머릿속에서 시작한다고 했습니다. '머릿속 콘크리트'같이 완고한 입장을 떨쳐내야만 비로소 행동도 달라질 수 있다고요. 누군가와 말싸움을 하게 됐지만 갈등이 지속되는 것을 바라지 않는다면 손해 보는 기분이 들더라도 일부러 상대에게 상처를 주거나 굴복시킬 필요는 없습니다.

베르크한이 말하는 현명한 대화법은 우선 본인이 원하는 것이 무엇인지 자세히 설명하는 것입니다. 원하는 것뿐 아니라 자신이 걱정하는 것을 솔직히 드러내는 것도 중요하죠. 그리고 말이 격해지기 시작할 때는 상대의 공격적 태도에 반응하지 않고 스스로도 감정이 가라앉을 때까지 기다려 끝까지 예의 있게 말하려 노력해야 합니다. 일상에서 생긴 갈등에 앞뒤 이야기를 붙이고 맥락을 연결하면서 극적인 사건으로 만들지 않는 것도 중요합니다. 그러다 보면 갈등이 일어나게 된 원인과 그 과정을 차분히 돌아볼 수 있게 되고 결국 상대가 옳을 때는 인정할 수 있는 배포도 갖게 되겠지요.

하지만 무엇보다 자기 자신을 분명히 알고 있어야 한다는 점이 중요합니다. 자신이 정말로 원하는 게 무엇인지 알고 있다면 격한 감정이 일 때도 다시 평소의 자신으로 돌아오는 일이 더 쉽기 때문이죠. 게다가 몸과 마음의 상태를 정확히 알고 있다면 몸과 마음이 상할 정도로 무리해서 행동하지 않을 수 있습니다. 예를 들어 배가 고프거나 잠이 부족하거나 할 일이 쌓여 스트레스를 받을 때는 사소한 일에도 쉽게 인내심을 잃고 짜증이 나기 쉽습니다. 그럴 때는 '내가 쉼이 필요하구나.'라고 스스로 다독이며 컨디션이 회복될 때까지 사람을 만나는 일은 나중으로 미루는 것도 방법입니다.

3부

훈련: 반복을 통해 능숙해지기

몸과 마음이 강해지는 법
문제를 마주하고 경계 세우기

제가 미국 샌프란시스코에 있는 '임팩트 자기방어 훈련 센터'에서 일일 특강을 들었을 때의 일입니다. 그 수업에서 참가자들과 상황극을 했는데, 이 경험이 정말 인상적이어서 기억에 많이 남았습니다. 그래서 이 상황극을 제 강의에서도 자주 활용하고 있어요.

상황극 내용은 이렇습니다. 여러분이 한적한 어딘가로 여행을 갔다고 상상해 보세요. 그러다 밤이 되었고 혼자 버스 정류장에서 버스를 기다리고 있어요. 근처에는 인적이 보이지 않습니다. 그런데 저쪽에서 한 사람이 여러분을 향해 걸

어오고 있어요. 그 사람을 본 순간 여러분의 직감은 '뭔가 수상하다! 위험!'이라는 경보를 울리기 시작했고요. 점점 가까이 다가오는 그 사람에게 여러분은 어떤 태도로 대응하면 좋을까요?

아무도 나를
대신 지켜줄 수 없다

수업에서 참가자들은 2인 1조가 되어 버스를 기다리는 사람 역할과 공격자 역할을 번갈아 가며 해 보았습니다. 그리고 기다리는 사람 역할을 할 때는 두 가지 태도로 공격자에게 대응해 보았습니다. 첫 번째는 회피하는 태도였습니다. 일부러 공격자를 쳐다보지 않고 핸드폰을 보거나 이어폰을 끼고 위험을 회피하는 거죠. 두 번째는 공격자를 주시하며 양손을 앞으로 살짝 내밀어 방어 자세를 취한 뒤 공격자가 가까이 다가오면 일정한 간격을 두고 물러나는 태도를 보였습니다. 상황극이 끝난 뒤 진행자가 버스를 기다리는 역할을 한 사람들에게 물었어요.

"여러분, 공격자가 다가오는 것을 모르는 척할 때 어떤 기분이 들었나요?"

"상대를 쳐다보지 않고 애써 모르는 척하려니까 불안했어요."

이어서 진행자는 공격자 역할을 한 사람에게도 물었죠.

"공격자 역할을 할 때 상대가 여러분을 회피하면 어떤 기분이었나요?

"저를 무서워하는 것이 느껴져서 가까이 다가가서 더 겁을 주고 싶은 마음이 들었어요."

참가자들 대부분은 공격자 역할을 할 때 상대가 회피하는 듯한 태도를 보이면 그를 계속 따라다니거나 위협하는 데 거리낌이 들지 않았다고 했습니다. 버스 기다리는 역할을 한 사람들에게 다시 질문이 이어졌습니다.

"그럼 공격자를 주시하면서 일정한 거리를 두는 태도였을 때 기분은 어땠나요?"

"공격자를 마주 볼 수 있는 용기가 필요했어요. 그래도 그 사람이 어떻게 행동하는지 볼 수 있어서 회피했을 때만큼 불안하진 않았어요."

진행자는 다시 공격자 역할에게 물었죠.

"여러분이 공격자 역할을 했을 때, 상대가 당신의 행동을 주시하면서 일정한 간격을 두고 경계 태세를 보이면 어떤 기분이 들었나요?"

"저를 똑바로 바라보니까 약간 멈칫하게 되더라고요. 제가 가까이 가려고 하면 조금씩 물러나니까 어떻게 다가갈지 고민이 되기도 했어요."

역시나 경계 태세를 갖춘 상대에게는 섣불리 다가가기 힘들었다는 의견들이 많았습니다. 저도 제가 버스를 기다리는 사람 역할을 할 때나 공격자의 역할을 할 때 비슷한 느낌을 받았습니다. '위험 상황에서 나를 지키기 위해선 위험을 직면하는 용기가 필요하구나.' 하는 생각도 들었고요. 그런데 참가자 중 한 분이 이런 질문을 했어요.

"공격자를 바라보는 행동이 그 사람을 화나게 만들어서 공격성을 높이면 어떡하죠?"

진행자는 "맞아요. 그런 생각이 들 수 있지요."라고 하며 이렇게 답변했어요.

"상황에 따라 여러분이 어떻게 행동하는 것이 더 적합한지 판단해서 행동해야 합니다. 모든 경우에 공격자를 주시해야 한다거나 등을 보이면 안 된다는 정답이 있는 건 결코 아니에요. 어떤 경우에는 정답인 것도 다른 경우에는 완전히 오답일 수도 있죠! 하지만 여러분이 방금 느낀 것처럼 일상에서 일어날 수 있는 위협 상황에서 경계 태세를 갖추는 것은 안전에 도움이 됩니다. 그리고 필요한 경우에는 반격할 수 있다는 것을 보여 주는 건 중요해요."

그리고 덧붙여 말했습니다.

"여러분이 자신을 지키기를 포기한다면 누구도 여러분을 대신 지켜 줄 수 없습니다."

도둑은 물건이 많은 집을 찾아가는 것이 아니라 물건을 훔치기 쉬운 집을 찾아갑니다. 마찬가지로 모르는 타인에게 범죄를 저지르는 공격자는 주로 만만해 보이는 사람을 공격합니다. 자신이 공격해도 반격하지 않을 것 같은 사람을 고르는 것이죠.

매일 '누가 날 공격하지 않을까?' 하고 불안하게 살아갈 필요는 없지만 무언가 잘못되고 있음에도 애써 '설마 아니겠지.' 하며 회피하는 태도는 문제를 더 크게 만들 수도 있어요. 뭔가 이상하거나 위험하다는 직감이 들었을 때 그에 맞는 경계 태세를 갖추는 노력을 하다 보면 자기방어에 능한 사람이 되어 있을 것입니다.

체격보다
투지

미국의 자기방어 전문가 엘런 스노틀랜드(Ellen Snortland)는 '싸움에서 중요한 것은 개의 크기가 아니라 내면의 투지가 얼마나 큰가이다.'라는 격언을 인용하며 자기방어의 필요성을 강조합니다.

스노틀랜드는 어렸을 때 조니라는 아이에게 괴롭힘을 당한 적이 있다고 합니다. 그래서 부모님께 "조니가 나를 때렸어요."라고 도움을 요청했지만 "걔가 널 좋아해서 그래. 그냥 무시해."라는 말을 듣고는 부모님 말대로 조니의 행동을 무시하려고 했죠. 하지만 조니는 폭력을 멈추지 않았고, 참지 못한 스노틀랜드는 조니와 싸움을 시작했습니다. 하지만 조니를 정말 다치게 할 마음은 없었던 스노틀랜드와는 달리 조니는 스노틀랜드의 가슴 위로 올라타 양 팔꿈치로 이제 막 멍울이 생기고 있는 가슴을 힘껏 찍어 눌렀다고 합니다. 결국 스노틀랜드는 울음을 터뜨렸고, 그걸 본 조니는 고소하다는 듯이 비웃었고요.

어려서부터 우리는 공격을 당했을 때 어떻게 대처해야 하는지 배우기보다는 누군가를 때리면 그 사람이 다칠 수도 있다는 것, 다른 사람을 다치게 하면 안 된다는 것을 더 많이 배웁니다. 물론 이러한 가르침은 꼭 필요합니다. 그러나 사춘기가 시작될 즈음 남자아이들과 여자아이들의 차이가 두드러지며 공격에 대한 태도도 달라지게 됩니다. 남자아이들에게 공격은 남성성의 표시로 여겨지죠. 얼마나 잘 싸우고 거칠게 노는지에 따라 인기가 결정됩니다. 문제를 일으키면서도 자신만만한 태도를 보이면 또래 집단에서 멋지다는 인정을 받을 수 있습니다. 하지만 폭력적인 여자아이는 또래에게 인정받기 어렵습니다. 이런 사회적 차이는 공격 상황에서 여성에게 불리하게 작용합니다. 그러다 보니 여자아이는 누군가 경계선을 침범해도 '널 좋아해서 그래.'라는 식으로, '무시해.'라는 식으로 웃어넘기라고 교육받기 쉽습니다. 그러나 여러 번 강조했듯 외면한다면 수위가 더욱 높아질 뿐 폭력은 절대 멈추지 않을 것입니다. 물론 폭력에 대비한 제도적 장치가 마련돼 있지 않은 건 아니지만 우리의 안전이나 권리를 보호하기 위해서는 스스로 자신의 안전을 지킬 수 있는 태세를 갖추어야 합니다.

경험은 차이를 뛰어넘게 해!

"힘 센 사람이 작정하고 달려들면 자기방어가 소용이 있나요?"와 같은 질문을 종종 받습니다. 나이에 따라, 사람에 따라, 장애 여부에 따라, 성별 차이에 따라 체격과 힘 차이가 납니다. 차이가 없다고 우기는 것은 아닙니다. 하지만 몸을 써 본 사람의 경험과 노련함은 차이를 뛰어넘게 합니다.

앞선 질문에 담긴 질문자가 말하고 싶은 바는 '차이를 인정하라.'가 아니라 '무력하니 포기하겠다.'가 아닐까요? 앞에서 강조했듯이 중요한 것은 투지입니다. 누구나 투지만 있다면 충분히 반격할 수 있어요.

사람을 무력하게 만드는 것은 체격과 힘 차이가 아니라 해내지 못할 것 같다는 생각입니다. 체격이 작으니까, 여자니까, 체력이 약하거나 장애가 있으니까 어차피 자기방어가 소용없을 것이라고 말하는 건 스스로 지키기를 포기하겠다는 말과 같습니다.

목표는
안전

투지를 가지라는 말이 무조건 먼저 공격하라는 말은 아닙니다. 실제 폭력으로 이어지기 전에 상황이 악화되지 않도록 막을 수 있는 방법들이 있다는 것을 잊어서는 안 됩니다. 자기방어는 격투기 경기가 아니라 꼭 싸워서 승리할 필요는 없습니다. 호신술의 가장 중요한 목표는 어디까지나 안전하게 위협 상황을 벗어나는 것입니다. 그렇기에 맞서 싸워야 하는지, 도망을 치는 것이 더 나은지 등을 빠르게 판단하는 능력이 신체 기술보다 더 중요합니다. 당황하지 않고 바로 반격할 수 있으려면 평소 반격 태세를 갖추는 연습을 해 볼 필요가 있습니다. 한 번이라도 그런 상황에서 어떻게 대응하는지 배웠다면 도움이 많이 됩니다. 그러니 앞으로는 "자기방어 배워서 뭐하나요?"가 아니라 "폭력 위협이 있을 때 당황하지 않고 대응하기 위해서는 어떤 훈련을 얼마나 받으면 좋을까요?"를 고민하면 좋겠습니다. 어떤 움직임을 반사적으로 할 수 있을 만큼 체화하기까지는 짧지 않은 시간이 필요합니다. 그러니 훈련은 각자의 일상에서 반복적으로 이루어져야 합니다. 단 한 번의 자기방어 워크숍이나 하루짜리 호신술 특강은 훈련의 끝이 아니라 시작입니다. 수업에서 배운 태도와 기술은 실제 일상에서 적용해 나가야만 내 것이 됩니다.

자기방어를 배워 보고 싶다면 ASAP 호신술, 주짓수 등의 키워드를 검색해 거주 지역 인근에서 특강으로 진행하는 자기방어 클래스에 참가해 보는 것을 추천합니다. 특히 여성들의 경우, 여성환경연대에서 만든 '여성 친화적 운동 공간&클래스 목록'[2]을 참고하면 도움을 받을 수 있을 거예요.

2 http://bit.ly/healthmap_KWEN

공격자의 시나리오에서
벗어나자

자기방어에 있어 훈련이 중요한 건 사실이지만 자기방어를 못했다고 해서 자신을 원망해서는 안 됩니다. 하지만 폭력 사건의 피해자는 '그때 왜 내가 도망치지 못했을까' '더 적극적으로 반항하지 못했을까'라고 생각하며 자책하기 쉽습니다. 그렇게 움직이지 못하는 상태가 되는 것은 반사적인 반응일 뿐 피해자의 잘못이 아닙니다. 다만 계속 반복했듯이 우리 뇌가 얼어붙기보다 도망치는 것을 선택할 수 있으려면 두려움을 느끼더라도 용기를 내야 합니다.

제가 예전에 진행했던 자기방어 수업에서 만난 한 참가자의 이야기를 예로 들어 볼게요. 편의상 A라 부르겠습니다. A의 이야기는 이렇습니다. 밤에 집을 가던 중 어떤 사람이 자신을 향해 걸어오길래 '그냥 지나가는 사람인가? 그런데 뭔가 꺼림칙하네.'라는 생각이 들었다고 합니다. 직감을 무시하지 말라는 자기방어의 원칙에 따라 A는 마주 오는 상대방의 움직임을 주시하며 혹시 상대가 가까이 다가오면 도망가야겠다는 생각으로 긴장을 늦추지 않았습니다. 그런데 생각과는 다르게 상대는 옆 골목길로 휙 방향을 틀어 사라졌다고 합니다. '내가 잘못 생각했나?' 하고 긴장을 늦추고 걸어가던 A 앞에 옆 골목으로 사라졌던 그 사람이 갑자기 달려들었고 놀란 A는 자기도 모르게 아주 화가 난 사람처럼 "뭐야!" 하고 큰 소리로 고함을 쳤습니다. 그러자 근처를 지나가던 사람도 그 소리를 듣고는 발걸음을 멈추고 상황을 지켜봐 주었고요. 생각지 못한 상황에 당황한 상대는 멈칫한 뒤 아무 일도 없었다는 듯 A를 스쳐 지나갔다고 해요.

도대체 비명과 고함이 뭐가 다르냐고요? 피해자가 비명을 지르는 것은 이미 공격자의 시나리오에 있는 상황입니다. 공격자는 피해자 앞에 등장하기 전에 이미 머릿속으로 '나를 보면 놀라겠지? 비명을 지르겠지? 무서워서 꼼짝 못할 거야.' 등등의 시나리오를 생각했기 때문에 비명을 지를 것처럼 보이는 피해자를 골라서 깜짝 등장한 것이니까요. 평상시에 고함을 치는 건 대부분 건강하지 않은 방식으로 감정을 표현하는 것이지만 이런 상황에서 고함치기는 공격자의 허점을 찌르는 효과적인 자기방어 기술입니다. 공격자는 피해자를 만만하게 보았을 가능성이 크고 따라서 자신이 등장하자마자 피해자가 짜증 난다는 표정으로 "뭐야!" "야!" "가!" 이런 단어로 확 고함을 칠 것이라곤 생각하지 못했을 테니까요. 고함을 칠 때는 마치 개에게 "앉아!" "기다려!" "하지마!" 하고 명령을 하듯 배에 힘을 주고 낮은 톤으로 큰 소리를 내도록 합시다. 상황에 따라 주변에 있는 사람들이 누군가 위험에 처했다는 것을 인지할 수 있도록 "도와주세요!"라고 큰 소리로 도움을 요청하거나 높은 톤의 비명을 지르는 방식이 더 나을 수도 있다는 점도 기억하면 좋겠습니다.

나만의
대응 노트

제가 자기방어 수업의 참가자였을 때 강사였던 분 이야기를 들려 드릴게요. 그분은 원래 체구도 작고 목소리도 크지 않은 데다가 무척 소심하고 부끄러움이 많은 사람이었다고 합니다. 하지만 우연히 참가한 자기방어 수업에서 '연습을 하면 가능하다'라는 것을 깨닫고 이전과 다르게 행동할 수 있었다고 해요.

강사님이 예전 직장을 다닐 때 일이에요. 회사에서 집까지 거리가 꽤 멀어 광역 버스를 타고 출퇴근했는데 늦게까지 야근한 날에는 버스에 술 취한 취객이 많았고 그런 사람들이 몸을 못 가누는 척 강사님의 몸에 불쾌한 접촉을 하는 경우가 종종 있었다고 합니다. 어깨에 손을 올리거나 잠든 척 머리를 기대거나 하는 일은 부지기수였고, 몸에 손을 대며 성추행하는 사람도 있었죠. 그럴 때마다 속으로 매우 불쾌했지만 어떻게 대응해야 할지 몰라 고민했습니다.

그러던 어느 날 우연히 자기방어 수업을 듣게 되었고 대응 시나리오를 처음 접한 거예요. 대응 시나리오란 거창한 게 아니라 다음에 이런 일이 일어난다면 어떻게 행동할지 고민한 내용을 적는 것입니다. '어깨에 손을 올리면 손을 치우라고 말해야지.' '내 몸을 만지면 사람들이 다 듣도록 뭐 하는 거냐고 소리를 질러야지.' 이런 식으로 대응하고 반격하는 자신의 모습을 상상하며 적어 나가는 거예요. 물론 강사님도 처음에는 노트에 적었던 대로 대응하기는 어려웠죠. 그러다 어느 날 마법처럼 몸을 기대려는 사람에게 단호한 목소리로 "똑바로 앉아 주시겠어요?"라고 말할 수 있었다고 합니다. 혼자 했던 연습이 쌓여 실제 상황에서도 연습했던 것처럼 말할 수 있게 된 거예요. 스스로 놀랄 정도의 변화였죠.

처음부터
잘하는 사람은 없어

저도 그 강사님과 비슷한 경험이 있어요. 밤에 버스를 타고 집으로 가는 길이었습니다. 버스 뒷문 근처에 서 있었는데 어떤 술 취한 아저씨가 비틀거리면서 저에게 다가왔습니다. 그러더니 갑자기 제 어깨에 손을 둘렀어요. 저는 침착하게 그를 노려보며 제 어깨에 올린 팔을 바깥쪽으로 밀어 냈습니다. 그랬더니 그 아저씨는 움찔 놀란 듯 저를 빤히 쳐다보다가 갑자기 씩 웃으면서 다시 제 어깨에 손을 올렸습니다. 저는 아까보다 더 세게 그 팔을 쳐내며 "뭐 하시는 거예요!"하고 소리쳤습니다. 그 순간 버스 문이 열렸고 저는 얼른 내렸습니다. 그러자 그 사람도 따라 내렸죠. 저는 버스 정류장에 내린 상태로 가만히 서서 그 사람을 주시했습니다. 정류장 바로 앞에는 편의점이 있어서 여차하면 그곳으로 들어가서 도움을 요청할 생각이었죠. 다행히 그 사람은 비틀거리며 저와 다른 방향으로 걸어갔습니다. 저는 그 사람이 잘 안 보일 정도로 멀리 떠나는 것을 확인한 다음에야 집으로 향할 수 있었습니다.

불쾌한 기억이긴 해도 지금 생각해 보면 단호하게도 말하고 도움을 요청할 생각도 하고 경계도 늦추지 않았으니 꽤 잘 대응했다는 생각이 듭니다. 하지만 저도 처음부터 대응을 잘하진 못했어요. 저는 몇 년 전 더운 여름날 지하철 안에서 일어난 일을 아직도 잊지 못합니다. 그날 제 옆에는 한 남성이 앉아 있었어요. 그 남자는 다리를 너무 많이 벌리면서 제 쪽으로 자기 다리를 밀착시켰습니다. 저도 그 남자도 반바지를 입고 있었는데 맨살에 남의 살이 닿으니까 기분이 정말 좋지 않았죠. 그냥 일어설까 생각했지만 그러면 제 앞에 서 있던 다른 여성이 앉았을 때 똑같은 행동을 할 것 같

앉어요. 그래서 저도 다리에 힘을 주고 제 자리를 지키고 앉
았습니다. 제가 강하게 버티고 있음에도 불구하고 그 사람
은 더 힘을 줘서 제 다리를 밀어내려 했고, 저는 목적지에
도착할 때까지 30분 넘게 그 사람과 다리 싸움을 했습니다.
지금 생각해도 진땀이 나는 경험이에요.

　만일 제가 그때로 다시 돌아간다면 "저기요, 조금만 옆으
로 가주시겠어요?"라고 불편하다는 얘기를 직접적으로 할
것 같아요. 말이 통하지 않으면 그냥 일어나서 다른 곳으로
자리를 옮기거나요. 하지만 당시에는 다른 방법을 생각하거
나 시도하지는 못했어요. 당시의 저로서는 그 사람에게 말
을 하는 것보다 참고 버티는 것이 더 쉬운 선택이었으니까
요. 그 후로 불편한 상황에서는 특히 그 마음을 솔직하게 표
현하자고 결심하고 일상에서 훈련을 해왔습니다. 그래서인
지 지금은 다른 사람에게 의사 표현을 하는 것이 예전만큼
힘들지는 않아요.

너
선 넘었어!

일상에서의 대응은 경계를 설정하는 것에서부터 시작합니다. 다른 사람들과 함께, 안전하고 즐겁게 살아가기 위해서는 각자의 경계선을 잘 지켜야 합니다. 하지만 일상에서는 가끔 이 선을 넘는 일이 일어날 때가 있지요. 예를 들어, 연락하지 않았으면 좋겠다고 했음에도 지속적으로 연락을 하는 경우, 먼저 동의를 구하기 전에 어떤 그룹 채팅방이나 온라인 커뮤니티에 가입시키는 경우, 성적인 불쾌감을 일으키는 메시지를 보내는 경우, 내 몸을 바라보며 불쾌한 시선을 보내는 경우, 뒤에서 따라오거나 위협적인 행동을 보이는 경우 등이 이 경계를 침범하는 행위라고 할 수 있습니다. 또 무리 지어 놀리는 경우, 여러분의 의견에 비아냥거리는 태도로 반응하는 경우, 이유 없이 무시하는 경우, 외모나 신체적 특징을 가지고 차별하는 경우, 그리고 친한 친구라고 할지라도 자꾸 약속 시간을 자기 마음대로 바꾸거나, 좀 친해졌다 싶으니 마구 변덕을 부리고 거짓말을 하거나 심한 말을 한다면 선을 넘는 것이죠. 이럴 때 여러분은 그 친구와 계속 관계를 맺을 것인지를 고민해야 합니다.

이처럼 어쩌면 작고 사소해 보이는 일상의 '선 넘는' 사건들에 대응해 나가다 보면 언젠가 그보다 더 심각한 위협 상황이 닥치더라도 침착하게 대처할 수 있게 됩니다. 일상에서 만나는 무례한 사람에게 감정의 동요 없이 선을 넘었다는 사실을 알려 주기 위해서는 작은 것일지라도 자신의 의견을 표출하는 연습이 필요합니다. 꾸준히 운동해야 근육이 자리 잡듯 꾸준히 해야 자기표현도 잘할 수 있습니다. 그리고 다시 말하지만 무례한 사람들은 상대가 반격하지 않고 가만히 있으면 다음에도 비슷한 행동을 계속 하기 때문에 이상한 말과 행동에는 분명히 대처해야 합니다.

경계를
분명하게 표시하기

경계 설정이란 공간적, 시간적, 감정적, 경제적인 면에서 타인에게 이용당하거나 무시당하거나 압도당하지 않도록 안전거리를 확보하는 것입니다. 오프라인뿐 아니라 온라인 상에서도 유용한 개념이죠.

예를 들어, 공간적 경계 설정은 신체적 접촉에 있어서 내가 편안함과 안전함을 느끼는 정도의 거리를 설정하는 것입니다. 위협을 감지했을 때 자기방어 수업에서 가르치는 기본 방어 자세는 우선 상대와 1.5~2미터 정도 거리를 두고 상대의 몸 전체를 볼 수 있도록 마주하여 시야를 확보하는 것입니다. 상대를 노려본다기보다는 단호히 응시하고 턱을 살짝 당기고 귀와 어깨 사이를 넓혀 어깨가 움츠러들지 않게 합니다. 발바닥에서 뿌리가 나와 발밑을 움켜쥐고 있다는 상상을 하며 양발을 바닥에 단단히 붙입니다. 이때 호흡이 멈추지 않도록 유의합니다. 어때요? 이런 자세로 서 있는 사람을 보면 만만하게 생각하지는 못하겠죠?

시간적 경계 설정은 자신을 위한 시간을 따로 빼놓을 수 있도록 스케줄의 우선순위를 정하는 것입니다. 나를 위한 시간, 나만의 기준이 있어야 남에게 휘둘리지 않을 수 있습니다. 저는 혼자 조용히 책을 읽거나 운동을 하면서 에너지를 충전하는 편이에요. 그래서 수요일 저녁은 좋아하는 책을 읽는 시간 또는 운동하는 시간으로 빼놓았습니다. 이렇게 하면 친구가 "수요일 저녁에 같이 영화 보러 갈래?"라고 했을 때 "수요일 저녁은 어려운데 다른 요일에 가면 어때?"라는 식으로 이야기하면서 나의 시간도 확보하고 친구와의 관계도 유지할 수 있습니다.

감정적 경계 설정은 다른 사람의 감정을 존중하고 인정하면서 자신의 감정과 욕구도 살피는 것입니다. 예를 들어 사귀는 사람이 시도 때도 없이 문자를 보내고, 자기 전화를 받지 않는다고 지나치게 화를 내면서 여러분을 마음대로 통제하고 간섭하려 한다고 해 봅시다. 좋아하는 사람과 연결되고 싶어 하는 그 마음은 이해한다고 말하되 이런 식의 태도는 좋아하는 사람을 존중하는 것이 아니라고 분명하게 이야기해야 합니다. 그렇게 이야기했음에도 상대가 무례한 행동을 고치지 않는다면 안전하게 이별할 방법을 고민해 보아야겠지요.

경제적 경계 설정을 할 때는 친구나 가족 관계에서 돈을 빌리거나 주고받을 때의 한도를 설정하고 경제적 책임을 명확히 하는 것이 중요합니다.

소셜 미디어, 온라인에서 경계 설정은 특정 개인이나 콘텐츠에 노출되는 것 제한하기, 개인 정보 공유 수준 정하기 등이 있습니다. 여러 가지 경계를 설정하는 것은 타인과의 경계를 짓는다는 의미도 있지만 자신의 한계를 정확히 파악하는 일이기도 합니다. 자신이 할 수 있는 한도를 알고 무리하지 않아야 건강한 삶을 유지할 수 있으니까요.

결국 경계를 설정한다는 것은 다른 사람에게 어떤 행동이 불편한지를 알려 주는 것이기도 합니다. 나를 지키면서 상대를 존중하는 '건강한 경계'를 유지하기 위해서는 역시나 부단한 성찰과 연습이 필요합니다.

내 생각을 상대방이 알아들을 수 있도록 전달하지 않는다면 내 마음을 몰라주는 상대방에게 일방적으로 서운해하며 화를 내기 쉽습니다. 그렇다면 상대방은 영문도 모른 채 당황스러울 거예요. 불필요한 갈등이 생기지 않도록 '아, 쟤는 저런 이유가 있어서 그렇게 이야기했던 거구나.' 하고 이해할 수 있도록 말을 꺼내는 용기가 필요합니다.

평소 운동을 통해 몸을 잘 알고 체력을 기르면 갈등 상황에서 드러나는 자신의 약점을 보완할 수 있게 됩니다. 몸이

긴강해시고 체력이 좋아지면 마음에도 여유가 생기니까요. 여유가 있을수록 타인에게 더 다정하고 친절할 수 있습니다. 이 점을 잘 알고 노력하다 보면 여러분은 신체적, 정신적으로 점점 더 강해질 수 있을 거예요.

혼자보다 함께하는 방어
공동체에서 협력하기

살다 보면 내 경계를 침범해 오는 일들을 겪을 때가 종종 있습니다. 이럴 때 현명하게 대처해서 별일 없이 힘든 상황이 잘 지나가면 좋지만 다른 사람의 도움 없이 혼자 문제를 해결할 수 없을 때도 많지요.

안전하게 일상을 살아가기 위해서는 나와 내 주변에서 일어나는 차별과 폭력 상황에 개인적으로 대처하는 것과 더불어 그런 상황이 일어나지 않게 공동체 차원에서 할 수 있는 일을 생각해 보는 것도 필요합니다. 사실 지금까지 말했던 자기방어 훈련은 '혼자 대응해야 한다.'에 그치지 않으니까요.

　이제부터는 당사자 개인의 대처 능력을 기르는 데에서 벗어나 사회 공동체를 이루는 시민 모두가 안전한 사회를 만드는 방식에 대해 이야기해 보려 합니다. '자기방어'에서 나아가 '공동체 방어'를 고민하는 것이죠.

　넓은 의미에서 공동체 방어란 지역 사회나 공동체 구성원의 안전과 권리를 보호하고 보장하기 위해 수행하는 집단적 노력과 전략을 의미합니다. 조금 어렵지요? 더 풀어서 설명하자면 안전하고 편리한 환경을 위해 이루어지는 많은 일들이 여기 포함됩니다. 방범대를 조직해 순찰을 돌며 범죄율을 줄이고, 지진이나 홍수 같은 자연재해와 코로나19 바이러스 감염병 같은 공중 보건 위기 등에 같이 대비하는 것, 그리고 인명 사고나 재난 같은 실제 비상 상황이 생기면 다같이 대응하는 것 등입니다. 이를 위해서는 공동체 구성원의 적극적인 참여와 협력이 중요합니다.

경찰이든
방범대든

공동체 방어의 다양한 활동의 예는 다음과 같습니다. 먼저 지역 사회의 안전을 위해서 경찰서와 공동체가 서로 협력하고 신뢰하는 관계를 구축하는 것이 중요합니다. 경찰은 시민을 보호하고, 범죄를 예방하고 조사하며, 질서를 유지할 책임이 있습니다. 경찰과 공동체 구성원 모두 노력한다면 범죄를 사전에 예방할 수 있습니다.

2018년 서울의 한 여자 중학교에서 자기방어 수업을 했을 때의 이야기입니다. 강의가 끝나고 학생들에게 빈 종이를 주며 나누고 싶은 고민이 있으면 익명으로 적어서 제출하라고 했어요. 나중에 여러 반의 학생들이 제출한 종이를 수합해 보니 학교 근처 편의점에서 일하는 한 남성의 이야기가 반복해서 언급되고 있었습니다. 그 남성은 학생들에게 "너 정말 예쁘게 생겼다. 이름이 뭐니?"라고 물으면서 머리를 쓰다듬기도 하고, 유통 기한이 임박한 식품 등을 선물로 주기도 했다고 합니다. 학생들은 익명 상담지에 '그 아저씨가 너무 잘해 줘서 이상하다.'는 이야기와 '예쁘다고 해 줘서 좋다.'는 등의 이야기를 써 냈고 자기방어 강사팀과 운영진은 이를 학교 선생님들과 공유했습니다. 학교 측은 즉시 학교 보안관과 관할 경찰서에 이 내용을 전달했고요. 그 결과 경찰은 학교 주변 순찰을 강화하기로 했습니다. 또 선생님들은 상점 직원이 이런 행동을 보일 때 어떻게 주의해야 하는지 학생들에게 알려 주었고요. 학생들은 선생님의 주의 사항을 듣고 편의점 직원의 행동이 일반적이지 않다는 것을 인지했고, 그 후 다행히 별다른 일 없이 사건이 마무리되었습니다. 이는 혹여 발생할 수 있는 범죄에 지역 사회가 함께 대처하는 공동체 방어의 좋은 사례라고 할 수 있습니다.

혹시 지금 살고 있는 동네에서 자율 방범대 사무실이나 활동가들을 본 적 있나요? 자율 방범대는 범죄 예방을 위해 지역 주민이 경찰과 협력하여 결성한 자율 봉사 조직입니다. 전국 4,000여 개 조직에 9만여 명이 범죄 예방을 위해 자발적으로 활동하고 있지요. 지금까지 자율 방범대는 모두 성인뿐이었지만 김해시에서 2023년 5월에 전국 최초로 22명의 청소년으로 구성된 '청소년 자율 방범대'를 발족했다고 하네요! 청소년 자율 방범대원이 되면 봉사 시간 인정과 활동복 지원, 재난 안전 전문 교육 지원을 받을 수 있어요. 그뿐만 아니라 스스로 공동체를 지키고 있다는 자부심은 큰 힘이 될 수도 있습니다. 관심이 있다면 지역 사회에 비슷한 활동이 있는지 찾아보는 것도 좋을 것 같네요.

공동체 방어도
자기방어에서부터

공동체의 안전을 지키는 데에는 여러 가지 방법이 있겠지만 가장 쉽고 확실한 것은 지역 주민에게 자기방어와 안전에 관한 교육을 제공하는 것입니다. 특히 신체적, 사회적, 경제적으로 취약하거나 범죄에 노출되기 쉬운 환경의 사람들에게 이러한 교육을 제공하는 것이 중요합니다. 이 책에서 설명하고 있는 자기방어 수업도 넓게 보면 그 자체로 지역 주민을 위한 공동체 방어의 일부인 것이죠. 인간은 사회적 동물이기 때문에 자신을 지키는 것과 공동체를 지키는 것은 멀리 떨어져 있지 않습니다. 결국 자신의 안전을 위해서는 같은 공간을 공유하거나 같은 단체에 속해 있는 사람들의 안전은 물론 권리를 지켜야 합니다.

가령 하굣길에서 모르는 사람에게 욕설과 위협을 듣고 있는 같은 학교 학생을 목격했을 때 어떻게 개입하면 좋을까요? 혼자 고민하기보다 여러 사람이 같이 이야기를 나누면 더 좋은 해답을 얻을 수 있을 겁니다. 하나의 문제에 대해 여러 명이 모여서 각자의 해결 방법과 아이디어를 나누면 혼자 생각하는 것보다 더 많은 문제 해결 방법을 알 수 있어요. 문제의 해결점을 찾는 것뿐 아니라 내가 겪은 폭력을 비슷하게 경험했던 사람에게 실제 도움이 될 수 있는 정보를 얻을 수도 있죠. 게다가 여럿이 모여 어떤 형태로든 대안을 고민해 볼 수도 있습니다. 여성 차별적인 말이 문제가 될 경우 차별과 혐오를 담은 말을 하지 않기로 약속문을 만들 수도 있고 젠더 감수성 향상을 위한 교육을 건의하는 것도 가능합니다.

뜻을 함께하는 공동체

그래도 공동체 중 제가 제일 강조하고 싶은 것은 역시 '지역 공동체'입니다. 지역 공동체에서 '지역'의 의미는 일정 범위의 토지를 뜻하는 지역(地域)에 국한되지 않습니다. 가치와 지향을 공유한다는 의미의 '지역'이기도 합니다. '어떤 생각을 가지고 있는가'는 '어디에 사는가' 하는 문제만큼 중요합니다. 안전과 성장을 위해 뜻을 함께하는 사람들을 만나고 좋은 공동체를 형성하는 것은 필수입니다. 하지만 어떻게 그런 사람들과 만날 수 있을까요? 찾아보면 나와 뜻을 같이하는 동료들, 비슷한 생각과 가치관을 가지고 일상을 살아가는 사람들은 어디든 있습니다. 그러니 마음을 열고 관심이 가는 특강이나 모임에 참가하길 바라요. 꼭 오프라인뿐 아니라 온라인을 통해 좋은 친구들을 만날 수 있다는 점도 잊지 말고요.

수업을 마무리하며 신체적, 정신적, 심리적 건강을 위해 지금 무엇을 하고 있는지 돌아보고, 자주 가는 장소와 자주 만나는 사람을 정리해 보는 워크숍을 알려 드릴게요. 우리는 자주 가는 공간과 거기서 만나는 사람들의 영향을 많이 받는 만큼 본받을 점이 많은 사람과 관계를 쌓아 보세요.

저는 어릴 때부터 친구가 많고 리더 역할을 하는 아이들을 부러워했어요. 그래서 롤모델을 만나기 위해 여러 모임과 단체에서 활동하며 많은 사람들을 만났습니다. 그리고 그들의 행동을 보고 다른 사람들과 좋은 관계를 맺으려면 어떻게 해야 하는지 배울 수 있었어요. 이후 직업을 고를 때 사람들을 건강하게 만들어 주는 운동 선생님이 되고 싶어서 체육교육학을 전공으로 선택할 수 있었죠. 졸업 후에는 운동 센터를 운영하고 싶었기 때문에 잠시 학교를 휴학하고 여러 종류의 피트니스 센터와 체육관에서 아르바이트를 해 보기도 했습니다. 학교에서 쌓은 지식과 학교 밖에서 쌓은 경험 덕분에 지금 운영하고 있는 센터를 만들 수 있었습니다. 만일 여러분도 관심 분야의 롤모델을 만난다면 열정과 호기심을 가지고 어떻게 그 일을 시작할 수 있는지부터 어떤 능력이 필요한지, 어떤 어려움이 있는지 모두 물어보세요. 그들의 생각과 태도를 통해 진로를 선택할 때 시행착오도 줄이고 많은 것을 배울 수 있을 것입니다.

다양한 사람들과 관계를 맺어 보세요. 종교 생활도 좋고, 관심이 가는 취미나 활동이 있다면 모임을 찾아보기도 하고, 시간이 없다면 온라인으로 소통하는 커뮤니티에서 활동하며 다양한 사람들과 관계를 맺어 가세요. 특히 스포츠 클럽과 그룹 운동 센터 등은 자기방어나 건강을 주제로 새로운 관계를 맺기 좋은 곳입니다. 어떤 방식으로든 여러분의 고민을 들어 주고, 건강한 방향으로의 성장을 지지해 주는 사람들을 만나려는 시도를 해 보길 바랍니다. 경험은 여러분을 성장시킬 것이고 동시에 안전하게 할 것입니다.

무엇보다 우리 스스로도 평소에 힘든 일이 있다면 혼자 끙끙 앓기보다는 주변의 믿을 만한 사람에게 터놓고 용기 있게 도움을 요청하는 태도를 갖는 것도 중요합니다. 주변 사람에게 말하는 것이 어렵다면 경찰에 신고하거나 청소년 전담 상담 기관, 성폭력·가정폭력 상담 기관에 도움을 요청할 수도 있습니다. 신고가 필요할 때는 다음과 같은 정보를 참고하세요.

도움을 얻을 수 있는 곳

경찰	112
여성긴급전화	1366
청소년 상담 센터	1388
해바라기 아동 센터	02-3274-1375
띵동 청소년 성소수자 상담 센터	02-924-1227
한국여성의전화 상담 센터	02-2263-6465
한국성폭력상담소 상담 센터	02-338-5801
한국여성민우회 성폭력 상담소	02-739-8858
탁틴내일 성범죄 피해자 지원 센터	02-3141-6191
한국사이버폭력대응센터	02-817-7959

내 주변 건강 지도 그리기

- 빈 종이 가운데에 동그라미를 그리고 여러분의 이름을 씁니다.

- 종이의 왼쪽 위 상단 귀퉁이에 '몸'이라고 쓰고, 오른쪽 상단 귀퉁이에는 '정신과 마음'이라고 적어 봅시다.

- '몸' 글자 아래 몸 건강을 위해 실천하고 있는 것 세 가지를 적어 봅시다.

- 이제 다른 색깔 펜으로 그 아래 앞으로 '몸'을 위해 무엇을 하지 않을 것인지 두 가지 이상 적어 봅시다.

- '정신과 마음' 글자 아래에도 정신과 마음 건강을 위해 실천하고 있는 것 세 가지를 적어 보세요.

- 다른 색깔 펜으로 '정신과 마음'을 위해 하지 않을 것도 두 가지 이상 적습니다.

- 종이 왼쪽 하단 귀퉁이에는 집, 학교, 학원 이외의 가장 자주 가는 곳 세 군데를 적어 보세요.

- 그 아래 다른 색깔 펜으로 앞으로 가 보고 싶은 곳, 경험하고 싶은 것을 두 가지 이상 적습니다.

- 오른쪽 하단 귀퉁이에는 (온라인 채팅, 전화 통화를 포함해) 자주 이야기를 나누는 사람 세 명을 적어 보세요.

- 그 아래 다른 색깔 펜으로 앞으로 만나고 싶은 사람, 친하게 지내고 싶은 사람, 멘토로 삼고 싶은 사람 등을 두 명 이상 적습니다.

살다 보면 방어가 필요한 순간이 있다
스스로 힘을 갖기

저는 자기방어 수업을 할 때 참가자들에게 어떤 폭력을 겪어 보았는지 물어봐요. 그러면 많은 분들이 길거리, 지하철과 같은 공공 공간에서 모르는 사람에게 폭력을 당한 적 있다고 대답합니다. 이런 폭력을 '길거리 괴롭힘'이라고 합니다. 이때 괴롭힘을 당하는 사람은 겉모습에서 드러나는 자신의 정체성, 즉 성별, 인종, 종교, 나이, 장애 등으로 인해 피해자가 되는 경우가 많습니다.

제 수업에 참가했던 남성분이 초등학생 시절 만화방에서 겪었던 이상하고 불쾌했던 경험을 이야기해 준 적 있습니다. 만화방 사장이 자신을 불러서 가 보니 구석에 있는 방에서 사장이 상의만 입고 하의는 입지 않은 채 몸이 불편하니 어깨를 주물러 달라고 부탁했다는 겁니다.

다른 여성 참가자는 해외여행을 갔을 때 길에서 남성 여럿이 자신을 향해 휘파람을 불거나 성희롱을 하는 경우가 있었다고 합니다.

또 다른 참가자는 횡단보도를 건너는 중에 마주 오던 남성이 갑자기 그분의 가슴을 움켜쥔 적이 있었다고 합니다. 그 남성은 다시 아무 일도 없었다는 듯이 주머니에 손을 넣고 빠른 걸음으로 길을 건넜고요. 그 참가자는 갑자기 벌어진 황당하고 불쾌한 상황에 신호가 바뀌는 줄도 모르고 그 자리에 멈춰 버렸다고 했어요.

이처럼 어린이와 여성을 대상으로 저지르는 폭력의 가해자는 피해자가 자기보다 약하고, 반격할 수 없을 것이라 여기고 함부로 폭력을 저지릅니다. 폭력이 행해진 순간에 바로 대응하기 어려웠다면 이후에라도 주변 사람들에게 어떤 일이 있었는지 알리고 경찰에 신고해서 가해자를 처벌할 방법을 찾아봅니다.

누가 나를 픽! 하고 치는 것 같은 신체석이고 물리적인 폭력은 바로 알아챌 수 있고, 누구라도 잘못된 행동이라고 인식합니다. 하지만 신체적 폭력 외에 아는 사람의 언어폭력, 심리적 괴롭힘을 방어해야 하는 순간도 있죠.

머리가 짧은 여성 참가자는 "왜 남자같이 하고 다니냐."는 말을 듣기도 하고 성별을 확인하려고 힐끔거리는 사람들의 시선에 마음이 좋지 않을 때가 많다고 했습니다.

추구하는 스타일이 다르다고 해서, 얼굴과 몸짓이 본인이 기대하는 여성이나 남성과 다르다고 해서 함부로 대하고 이상하게 쳐다보는 사람들은 그런 행동이 남에게 상처를 줄 수 있다는 걸 알아야 합니다. 눈에 보이지 않는 폭력, 교묘한 방식으로 불쾌감을 주는 행위는 그것을 당하는 사람도 '내가 너무 예민한 것 아닌가?' 하고 스스로를 의심하게 되어 상황 판단을 하는 데 오랜 시간이 걸리기도 합니다. 눈에 보이지 않는 교묘한 폭력의 가해자는 의도적으로 피해자가 스스로를 의심해 더 움츠러들게 만듭니다. 감정적 학대나 괴롭힘 상황에서 자존감을 잃지 않고, 상식적인 상황 판단 능력을 흐트러뜨리지 않기 위해서는 평소 꾸준히 자기 몸과 마음을 돌보며 힘들 때 도와줄 수 있는 주변 사람들과의 관계를 잘 유지해야 합니다. 그리고 여러분 주변에 의도적으로 상처를 주고, 반복적으로 자존감을 깎아내리는 말을 하는 사람이 있다면 그들과 안전하게 멀어져야 합니다. 자기방어 수업에서 호신술 외에도 몸과 마음을 돌아보는 워크숍을 포함한 다양한 프로그램을 하는 이유가 바로 여기 있습니다.

얼핏 보면 사소해 보이는 괴롭힘부터 뉴스에 등장하는 끔찍한 폭력까지, 크고 작은 폭력이 일어나는 현상의 근간에는 약자를 멸시하고 혐오하며 자기 힘을 과시하려는 문화, 자신과 다른 생각과 가치를 인정하지 못하는 편협함처럼 눈에 보이지 않는 문제가 깔려 있습니다.

그러니 당사자 개인의 대처 능력만을 강조했던 관점에서 벗어나 사회 공동체를 이루는 시민 모두가 안전한 사회를 만드는 데 책임이 있음을 되새기며 문제 해결의 실마리를 찾아봅시다. 더불어 원인이 되는 문화를 개선해 나가는 노력을 같이해야 합니다.

살다 보면 종종 다른 사람의 도움이 꼭 필요한 순간이 있습니다. 예전에 알고 지내던 한 친구는 혼자 살던 집의 창문을 연 적이 없는데 집에 돌아왔을 때 창문이 열려 있는 것을 여러 차례 경험했습니다. 누군가 열고 간다는 생각이 들자 친구는 혼자 집에 있기 어려울 정도로 불안해했죠. 경찰에 신고도 했지만 근처에 CCTV가 없어 범인의 신원을 확인할 방법이 없었고 경찰로부터 주변 순찰을 강화해 보겠다는 정도의 이야기만 들을 수 있었습니다. 결국 안심이 될 만큼 문제가 해결되지는 못한 상황에서 저와 다른 친구들은 부모님과 멀리 떨어져 사는 친구가 새로운 집을 찾아 안전하게 이사할 때까지 방을 내어 주고 곁에 있어 주었습니다. 이처럼 내 주변에 누가 사는지, 평소에 누구와 자주 연락하고 지내는지가 우리의 건강과 안전에 많은 영향을 줍니다. 도움이 필요한 사람을 도와주고, 여러분이 필요로 할 때 곁을 내어 줄 수 있는 사람들과 관계를 이어 나간다면 힘든 순간이 왔을 때 그 시기를 잘 헤쳐 나갈 수 있을 것입니다.

　자기방어 기술은 결투에서 승리하거나 남을 해치기 위한 기술이 아닙니다. 진정한 자기방어는 나를 잘 돌보고, 돌아보는 것에서부터 시작합니다. 평소 체력을 키우는 운동을 하고, 잘 먹고, 자존감을 갉아먹는 고정 관념과 편견을 뽑아 내세요. 일상을 건강하게, 관계를 풍요롭게 만들어 가세요. 그리고 여러분이 두려워하는 상황이 있다면 실제 그런 상황이 발생했을 때 어떻게 대응할 것인지 구체적으로 상상해 보세요. 힘껏 바람을 불어 막연한 두려움을 날려 버리는 겁니다.

살면서 어떤 일이 우리에게 닥칠지 미리 알 수는 없습니다. 하지만 어떤 일이든 그것을 마주하는 나의 태도는 내가 결정한다는 생각을 가지길 바랍니다. 괴롭힘이나 폭력처럼 억울한 일을 겪고, 부당한 일을 당한다면 좌절과 분노가 느껴지는 것은 당연합니다. 그런 나를 돌볼 수 있고, 돌보아야 하는 것은 실체 없는 '부당한 세상'이나 '가해자'가 아니라 바로 나 자신입니다. 여러분을 돌볼 수 있는 힘을 남에게 넘기지 마시고 스스로 힘을 가진 자가 되세요. 건투를 빕니다.

参고 문헌

1부

송우철·박승화·고기석「정면사진을 이용한 한국인 눈의 계측 및 비계측학
　　적 연구」,『대한체질인류학회』15권 2호, 2002.

롭 무어『레버리지』, 김유미 옮김, 다산북스 2017.

충페이충『심리학이 분노에 답하다』, 권소현 옮김, 미디어숲 2022.

다니엘 핑크『다니엘 핑크 후회의 재발견』, 김명철 옮김, 한국경제신문
　　2022.

2부

조안 넬슨『호신술 지도자를 위한 호신술 지도서』, 김창우 옮김, 대한미디어
　　2003.

이희림『여성범죄 전담 형사가 들려주는 미친놈들에게 당하지 않고 살아남
　　는 법』, 청림라이프 2018.

레이철 시먼스『소녀들의 심리학』, 정연희 옮김, 양철북 2011.
론다 로우지『UFC 영원한 여제, 론다 로우지』, 이지선 옮김, 영진닷컴 2016.
바바라 베르크한『싸우지 않고 이기는 사람들의 대화 호신술』, 김현정 옮김,
　　새로운제안 2010.

3부

여성환경연대 "여성 친화적 운동 공간" bit.ly/healthmap_KWEN
엘렌 스노틀랜드『미녀, 야수에 맞서다』, 한국성폭력상담소 부설연구소 울
　　림 옮김, 사회평론아카데미 2016.
정문정『무례한 사람에게 웃으며 대처하는 법』, 포레스트북스 2023.
「김해시 전국 최초 청소년자율방범대 발대」,『쿠키뉴스』2023.5.9.

발견의 첫걸음 6

나를 나답게! 자기방어 수업

초판 1쇄 발행 • 2023년 11월 17일

지은이 • 박은지
펴낸이 • 염종선
책임편집 • 이상연
조판 • 황숙화
펴낸곳 • (주)창비
등록 • 1986년 8월 5일 제85호
주소 • 10881 경기도 파주시 회동길 184
전화 • 031-955-3333
팩스 • 영업 031-955-3399 편집 031-955-3400
홈페이지 • www.changbi.com
전자우편 • ya@changbi.com

ⓒ 박은지 2023
ISBN 978-89-364-3119-8 43190